HISTOIRE D'IDÉES

Laurent-Michel Vacher

HISTOIRE D'IDÉES

à l'usage des cégépiens et autres apprentis de tout poil, jeunes ou vieux

Liber

Maquette de la couverture : Yvon Lachance
Illustration de la couverture : Daniel Sylvestre

Éditions Liber
C. P. 1475, succursale B
Montréal, Québec
H3B 3L2
Tél. : (514) 522-3227

Diffusion Dimedia
539, boul. Lebeau
Saint-Laurent, Québec
H4N 1S2
Tél. : (514) 336-3941

Dépôt légal : 3e trimestre 1994
Bibliothèque nationale du Québec

Données de catalogage avant publication (Canada)

Vacher, Laurent-Michel

Histoire d'idées : à l'usage des cégépiens et autres apprentis de tout poil, jeunes ou vieux

ISBN 2-921569-13-2

1. Idéologie - Histoire. 2. Philosophie - Histoire. 3. Idées politiques - Histoire. I. Titre.

B77.V32 1994 140 C94-941037-3

À la joyeuse équipe du Petit Extra, André, Caroline, Didier, Édith, Éric, Eugénelle, France, Jean, Jean-Pierre, Jérôme, Lynn, Lise, Michel, Nathalie, Pierre, Sylvie et tous les autres que j'oublie à cause de la Vieille Noix. Santé et merci !

N'importe quelle *thèse fondamentale, envisageable face à tout problème métaphysique important, a déjà été si remarquablement exprimée et si habilement défendue par les grands penseurs du passé qu'il est presque impossible de dire à son sujet quoi que ce soit de neuf ni d'améliorer les vieux arguments.*

MARTIN GARDNER

The Whys of a Philosophical Scrivener (1983)

Avant-propos

S'il n'est pas trop tard, j'aimerais vous éviter d'acheter ce livre par erreur en vous expliquant rapidement ce qu'il n'est pas. N'allez surtout pas croire qu'il s'agisse d'un manuel scolaire normal, cela risquerait de vous conduire à une amère déception !

En effet, autant le dire clairement, le texte qui suit ne prétend être rigoureusement conforme à aucun programme d'études existant. Ce n'est ni un vrai précis, ni un simple pamphlet, ni un monologue du festival Juste pour rire, ni un essai philosophique, ni même un instrument de travail et de référence.

Je dirais que c'est probablement un mélange bâtard de tout cela à la fois, ce qui ne m'empêche pas d'espérer quand même que sa lecture pourrait être utile à quelqu'un, un jour, quelque part — en particulier à des cégépiens et autres apprentis de tout poil, jeunes ou vieux.

En fait, ayant entendu dire que la réforme des collèges allait probablement mettre l'accent sur l'histoire des idées, je l'ai écrit en songeant d'abord, sinon exclusivement, à ceux qui ont été mes élèves depuis plus de vingt-cinq ans et à leurs successeurs que j'espérais ainsi pouvoir aider. C'est pourquoi, même s'il s'agit là seulement d'une fiction conventionnelle, je fais parfois mine de m'adresser spécifiquement à des élèves imaginaires et évoque d'hypothétiques « professeurs » et « travaux », surtout dans la première partie : que cela n'arrête pas ceux qui ne seraient pas étudiants !

En réalité, le programme des cours de philosophie communs et obligatoires des collèges semble s'orienter davantage vers l'histoire de la philosophie au sens strict que vers l'histoire des idées entendue de manière large. Il se trouve que telle n'est pas mon optique favorite, et j'ai donc introduit dans les pages qui suivent un bon nombre de questions ou d'auteurs qui, en général, ne seraient sans doute pas considérés comme rigoureusement philosophiques : l'hindouisme et la réincarnation, Machiavel, Galilée, Darwin, Marx et Freud, ainsi que les grands courants d'idées sociales actuels (libéralisme, féminisme, socialisme, écologisme, etc.).

Par contre, comme je m'adresse, en partie du moins, à des élèves qui vont devoir faire des exposés oraux et écrire des travaux, où ils ont intérêt à faire le moins d'erreurs possible, j'ai pensé qu'il pourrait être utile d'ajouter en marge quelques remarques de nature linguistique, encyclopédique et historique qui pourraient les aider.

Bien sûr, si ce petit livre peut servir à d'autres, sa lecture ne leur est pas interdite, au contraire. Mais que les gens savants ne s'offusquent pas trop de n'y rien trouver de bien profond ni le moindre soupçon d'originalité : il n'est pas conçu pour eux. Il voudrait simplement faire comprendre le plus clairement possible quelques-uns des tout premiers rudiments utiles pour un débutant qui souhaiterait s'y retrouver un peu dans le domaine des idées. Tel est le seul but, limité et modeste, dont j'ai tenté de m'approcher à ma manière.

Une dernière note pour en finir avec les avertissements. Les pages qui suivent se partagent en trois parties nettement distinctes. La première se compose de simples préalables méthodologiques. La seconde retrace à grands traits quelques étapes de la pensée, surtout philosophico-scientifique, des siècles passés. Quant à la troisième, elle présente, sous une forme tout à fait différente, huit familles de pensée, idéologies ou courants d'idées actuels, à caractère plutôt sociopolitique.

Certains trouveront sans doute qu'il y a là trois projets différents et mal rattachés l'un à l'autre. Il se peut. Dans le cas présent cependant, cette allure de macédoine bariolée et composite est en partie *voulue*, principalement pour des raisons pédagogiques : à l'époque du zapping, la diversité me paraît en effet une condition favorable au maintien de l'attention.

De plus, ces trois aspects m'ont semblé tout à la fois complémentaires et indispensables. Chacune des parties, avec sa vocation propre et son ton particulier, devrait donc contribuer à l'utilité de l'ensemble. L'histoire des idées, c'est à la fois celles des philosophies, des religions, des doctrines morales, des attitudes spirituelles, des visions du monde, des théories scientifiques et des idéologies sociopolitiques. À mes yeux, il fallait que plusieurs de ces aspects soient tour à tour représentés, et c'est pour cela qu'un peu de tout figure dans cette tentative d'initiation.

J'en profite pour remercier mon ami Jean Papineau, qui m'a aidé à prendre conscience de cette diversité, sans parler de toutes ses autres critiques stimulantes et de sa précieuse contribution à la relecture et à la correction du texte.

PREMIÈRE PARTIE

PRÉALABLES MÉTHODOLOGIQUES

1

Les idées et leur histoire

Pour commencer, je vous propose d'aborder une interrogation bien légitime et qui doit hanter, entre autres esprits inquiets, plus d'un cégépien : pourquoi l'histoire des idées ?

Au cas où vous ne le sauriez pas encore et que vous auriez sauté l'avant-propos, il paraît en effet que les élèves des collèges devront désormais, en particulier dans leurs cours de philosophie, acquérir des éléments d'histoire des idées. Si vous vous demandez pourquoi il en est ainsi, retenez bien ce principe : comme à toute question difficile et complexe, il doit sûrement y avoir plusieurs bonnes réponses à la fois.

Ainsi, une première réponse possible à la question posée, c'est que le ministère l'a décidé. En d'autres termes, c'est comme ça parce que c'est comme ça.

Voilà qui peut vous paraître une mauvaise explication. Pourtant, on doit souvent reconnaître qu'au bout du compte c'est la meilleure. Prenons quelques exemples :

Pourquoi y a-t-il quelque chose plutôt que rien ? Parce que c'est comme ça.

Pourquoi les corps physiques exercent-ils les uns sur les autres une forme d'attraction gravitationnelle ou de courbure de l'espace ? Parce que c'est comme ça.

Pourquoi la nature est-elle formée sur la base de six quarks et six leptons répartis en trois familles ou générations ? Parce que c'est comme ça. Etc.*.

Sachez cependant que « C'est comme ça parce que c'est comme ça » est un type de réponse ou d'explication que généralement les gens sérieux, spécialement les professeurs, n'aiment pas beaucoup. Évitez donc de vous en servir, sauf dans les cas désespérés.

Une deuxième raison consisterait à dire que plus on connaît l'histoire des idées, plus on a l'air cultivé. Par exemple, au lieu de dire : « La vie est plate », une personne cultivée s'exclame : « Comme disait Schopenhauer, la vie est plate. »

Notez au passage le fait suivant : non seulement il peut être assez chic, tout au moins dans un certain milieu social, de savoir grosso modo qui est le Schopenhauer en question — un philosophe allemand pessimiste du dix-neuvième siècle et non pas un ancien premier ministre de la Saskatchewan — mais en plus, prononcer Schopenhauer sans prendre l'accent anglais n'est pas à la portée du premier venu, et écrire Schopenhauer sans faute d'orthographe non plus. Il est bien évident que toutes ces difficultés contribuent à renforcer

« Etc. » avec un seul point et non « etc... » avec trois points. On peut mettre soit trois points seuls (« ... »), soit « etc. », mais il n'y a guère de sens à cumuler les deux. Notez que « etc. » se prononce « étt-çétéra » plutôt que « ét-tchétéra ».

l'impression recherchée et produite : avoir l'air cultivé.

> *Arthur Schopenhauer (1788- 1860) a écrit* Le monde comme volonté et comme représentation *(1818). Il a beaucoup influencé F. Nietzsche (1844-1900). Son nom se prononce à peu près « chaud-peine-à-(ou)-heure », mais en expédiant vite le « ou » et en disant le tout d'une seule traite. Quand vous rencontrez un nom étranger bizarre et inconnu, ne le prononcez pas aussitôt avec l'accent anglais comme si vous étiez commentateur de hockey à la radio : tous les étrangers ne sont pas des Anglais ! Et d'ailleurs, tant qu'à massacrer un nom, mieux vaut le massacrer en français, non ? Essayez de vous y habituer en prononçant avec des sons purement français des noms comme Georges Friedmann, Judith Miller, Saint-John Perse (trois Français, d'ailleurs) ou Élisabeth Kubler-Ross — « Cu-blair-rosse » et non pas « Keuh-bleuw-Waass ».*

Une troisième explication possible serait : pour mieux atteindre l'excellence. Cela vous semble sans doute une raison assez idiote et qui ne veut pas dire grand-chose, mais enfin la version officielle prétend à peu près ceci : pas moyen d'atteindre l'excellence culturelle si on n'a jamais entendu parler de ceux qui l'ont atteinte avant nous et qu'on appelle en général les grands hommes*, parmi lesquels figurent en bonne place les grands penseurs, c'est-à-dire ceux qui ont écrit de grands livres et qui ont eu de grandes idées. D'où la nécessité de connaître l'histoire des idées. CQFD*.

Bref et pour nous résumer, vous êtes condamnés par la vie, et par le besoin de paraître cultivés, à faire un peu d'histoire des idées, au

Qui ne comprennent d'ailleurs, dans la version standard, aucune « grande femme » : une explication de ce fait curieux se trouve peut-être dans le texte de la troisième partie sur le féminisme, p. 177.

CQFD : abréviation conventionnelle en mathématiques pour « ce qu'il fallait démontrer » ; indique la fin, supposée réussie, d'une preuve ou d'une argumentation.

cégep ou ailleurs. Aussi bien commencer tout de suite. Mais d'abord, quelques précisions, mises en garde et petits conseils pratiques ne seront certainement pas vains.

Avant tout, qu'est-ce qu'une idée ? Excellente question.

Sachez que, dans le langage des gens savants et des professeurs, une idée, c'est une grande idée, une théorie complète, une véritable doctrine. Retenez au passage qu'une telle idée ne peut pas consister en un simple mot : elle doit s'exprimer dans une phrase complète ou plusieurs phrases enchaînées par une suite logique, avec sujet, verbe, compléments et tout, selon le cas.

Une idée, c'est une pensée, une opinion à propos de quelque chose. Ce quelque chose, qui constitue le thème, la question, le problème ou le sujet dont on parle, peut souvent se formuler en un seul mot. Mais pas l'idée elle-même, qui doit nécessairement être développée et articulée. Par exemple, « Dieu » est un sujet, un thème ou un problème. « Dieu n'existe pas » est une idée, une thèse, une position (ou plutôt un embryon d'idée, auquel il manque encore des raisons et des explications).

Cela dit, « aller prendre une p'tite bière » est peut-être une bonne idée, mais ce n'est pas une grande idée. L'histoire des idées, c'est donc seulement l'histoire des grandes idées, des pensées les plus fameuses, des théories supercélèbres parmi les personnes instruites et cultivées.

Rendu à ce point, vous vous demanderez probablement : à quoi distingue-t-on une grande idée d'une petite idée ? La réponse la plus terre à terre et la plus pratique, c'est que les petites idées ne s'enseignent pas dans les écoles, les grandes oui. On considère généralement que les grandes idées sont celles qui ont eu énormément de succès, beaucoup d'influence, pas mal d'adeptes et finalement un immense prestige auprès des connaisseurs, des spécialistes et des notables cultivés, qui décident de ce qu'on doit enseigner dans les écoles (députés, fonctionnaires, ministres, écrivains, professeurs, journalistes, curés, bourgeois, intellectuels, universitaires et autres scientifiques).

Une façon différente d'aborder ce problème serait de souligner que les grandes idées sont celles qui répondent à de grandes questions, mais bien entendu il n'est pas facile non plus de dire précisément en quoi consiste une grande question par opposition à une petite.

Je serais tenté de suggérer que les grands problèmes sont plus ou moins ceux auxquels s'intéressent les hommes ordinaires quand ils ont de grosses angoisses existentielles (La vie a-t-elle un sens ? Qu'y a-t-il après la mort ? Dieu existe-t-il ?) ou bien des élans de curiosité inhabituellement vastes (Comment les cieux et les étoiles sont-ils réellement faits ? D'où vient l'humanité ? Les objets physiques sont-ils indéfiniment divisibles ou non ?) et finalement des accès d'inquiétude morale ou de ras-le-bol face aux impôts (Le mensonge peut-il être justifié ? Comment distinguer le bien du mal ? Quel serait le meilleur système social et politique ?).

Bref, si vous ne vous intéressez à absolument aucune de ces grandes questions, vous pouvez être sûrs d'avance que les grandes idées vont vous paraître très ennuyeuses*.

Ce qui est ennuyant, c'est ce qui est embarrassant (deux « r » et deux « s ») ; ce qui est ennuyeux c'est ce qui ennuie. D'habitude, pour les étudiants, les cours sont ennuyeux et non ennuyants.

De toute façon, vous feriez mieux de vous pénétrer d'emblée d'une vérité fondamentale en ces matières : on ne vous demande pas votre avis. Les grandes idées dignes d'être étudiées dans le cadre de l'histoire des idées, ce sont celles qu'on enseigne. Un point c'est tout. (Voir plus haut : « C'est comme ça parce que c'est comme ça. »)

Si, personnellement, vous trouvez que les idées de Madonna sont beaucoup plus intéressantes que celles de Platon, de Jean-Paul Sartre ou de Pierre Bourgault, et si votre garagiste vous semble manifestement doté de beaucoup plus de bon sens que la plupart des profs de philo, je ne dis pas que vous avez tort. Je vous signale simplement que, si j'étais vous, je n'essaierais pas d'expliquer ça dans mon prochain travail. Je parlerais plutôt bien gentiment des idées de Socrate, de Karl Marx ou de Pierre Bourgault auxquelles les enseignants et les ministres font semblant de tellement s'intéresser.

Une dernière remarque. Vous allez certainement avoir l'occasion de constater que les réputés grands penseurs ont parfois soutenu de soi-disant grandes idées qui vont vous sembler, comme à moi, assez invraisemblables, absurdes ou même véritablement stupides. Ainsi, de nombreux auteurs se sont très sérieusement demandé si le monde extérieur des choses ordinaires (tables, arbres, planètes, etc.) existait réellement en dehors de nos consciences. Certains, comme l'évêque Berkeley au dix-huitième siècle, ont même cru avoir démontré que non : le monde d'après eux n'existe que dans nos esprits !

> *George Berkeley (1685-1753), philosophe et théologien irlandais, connu pour son immatérialisme (négation de la matière) qu'il expose dans ses* Principes de la connaissance humaine, *1710. Prononcer « bair-clé » avec des sons bien français. En passant, notez que George, prénom anglais, ne prend pas de « s » à la fin, mais que Georges, prénom français, en prend un.*

De telles sottises ne sont pas rares. Cela ne devrait pas trop vous réjouir cependant, car il est probable, d'après mon expérience, que vous-même partagiez de votre côté un grand nombre de convictions ou de croyances au moins aussi ridicules que celles des grands penseurs, sinon plus, voire beaucoup plus.

Par exemple, la majorité des gens croient en effet dur comme fer que :

« Le Triangle des Bermudes est un endroit dangereux où de nombreuses disparitions mystérieuses de navires et d'avions se sont produites » ;

« Nostradamus est un grand prophète qui a prédit beaucoup d'événements historiques importants » ;

« La parapsychologie a établi que certains sujets possèdent des dons leur permettant de réaliser

des phénomènes paranormaux (télépathie, télékinésie, etc.) » ;

« L'homme moyen n'utilise son cerveau qu'à 10 % de ses capacités » ;

« Le Bloc québécois lutte pour réaliser l'indépendance du Québec » ;

« Un film américain doublé en français perd les trois quarts de sa valeur » ;

« S'il n'y avait pas de survie de l'âme après la mort, la vie ne vaudrait pas la peine d'être vécue et il n'y aurait plus aucune raison de respecter la morale » ;

« Les principaux événements de notre vie sont écrits d'avance et s'expliquent par le Destin » ;

« Des vaisseaux spatiaux venus de civilisations extraterrestres ont plusieurs fois rendu visite à la Terre mais les gouvernements des grandes puissances nous le cachent » ;

autant de propositions très douteuses, carrément fausses ou même totalement dénuées de sens que, personnellement, je considère comme complètement stupides et parfaitement ridicules, pour des raisons qu'il serait un peu long d'entreprendre ici d'exposer — d'ailleurs, il faut justement que j'aille prendre une p'tite bière : pas de chance, ce sera pour une autre fois...

Ainsi donc s'il arrivait, dans la suite, que je ne me gêne pas pour me moquer de certaines grandes idées — par exemple, celle selon laquelle « Le monde extérieur ne serait qu'une création de l'esprit humain », ou celle selon laquelle « Le pouvoir de gouverner l'État devrait revenir aux sages-philosophes » (voir plus loin le chapitre sur Platon), ou encore celle selon laquelle « La physique moderne aurait prouvé que la matière n'existe pas » (si jamais j'en reparle) —, le lecteur serait très imprudent d'en déduire que les grandes idées des grands penseurs valent moins cher que les petites idées des ses copines ou les siennes, ni que son garagiste et moi avons plus de sagesse que Platon, Descartes, Marx et Pierre Bourgault réunis.

Non !

Il devrait plutôt méditer sur la leçon de modestie que cela implique. Les idées des hommes ordinaires sont *quelquefois* tout à fait fausses et très risibles, tout comme celles des grands penseurs sont *parfois* plutôt fausses et assez risibles. (Et nécessairement, je sais, les miennes aussi sont le plus souvent invraisemblablement fausses et parfaitement ridicules ; j'aimerais qu'on ne s'étende pas là-dessus !)

Une leçon à tirer de ces décourageantes constatations, c'est évidemment que *la vérité est extrêmement difficile à trouver* et que *l'esprit humain est porté à se tromper avec une extraordinaire facilité.*

Ce qui d'ailleurs, songez-y bien, suffirait à nous donner deux ou trois bonnes raisons d'étudier l'histoire des idées. Avec un peu de chance, on pourrait peut-être apprendre des erreurs des autres.

2

Les grandes étapes de l'histoire des idées

Du point de vue d'un très grand nombre de personnes, en particulier les jeunes, et encore plus exactement les jeunes actuels, je suppose qu'on pourrait sans doute diviser l'histoire de l'humanité de façon approximative en deux grandes périodes principales : avant 1980 et après. Avant 1980, on trouverait les idées anciennes, après 1980 les idées récentes.

C'est d'ailleurs une tendance répandue chez l'être humain que de diviser le temps universel en deux : antérieurement à son enfance, et postérieurement. Il n'est pas exclu, du reste, que cette division ait quelque chose de fondamentalement valable, mais je serais très surpris que vos professeurs ou vos amis cultivés soient de cet avis. Ils préfèrent certainement diviser l'histoire des idées de façon un peu plus savante et légèrement plus compliquée.

Pour les besoins de ce petit guide, nous allons donc adopter une stratégie intermédiaire, un peu plus complexe qu'« avant 1980 et après », mais quand même très simplifiée par rapport aux vraies grosses histoires sérieuses avec leurs douze ou dix-huit grandes périodes (comme ça, il vous restera quelque chose à apprendre si jamais vous entrez un jour à l'université).

Dans ce qui va suivre, nous diviserons donc les choses en quatre phases historiques principales, tout en sachant bien que cette division pourrait sembler à vos enseignants et à vos parents, par exemple, quelque peu simpliste et grossière.

Première étape : les très vieilles idées, ou idées archaïques.

Ce seront essentiellement celles des grandes religions qui remontent vraiment loin dans le passé de l'humanité, comme l'hindouisme ou le judaïsme.

Date : très longtemps avant ce fameux pivot temporel qu'est Jésus-Christ, du moins en Occident, c'est-à-dire environ 1000 ans avant notre ère, donc il y a trois mille ans — mille avant et 1994 après, ça fait trois mille.

Deuxième étape : les vieilles idées, ou idées anciennes.

Ce sont celles des penseurs appartenant à ce qu'on appelle l'antiquité gréco-romaine.

Date : précédant de peu Jésus-Christ ; environ de 600 à 100 ans avant notre ère.

Troisième étape : les idées classiques (très souvent baptisées « modernes » !)

Nous placerons dans cette vaste catégorie toutes celles qu'on rencontre entre la renaissance (1500) et le dix-neuvième siècle (1899). Cette période fourre-tout est considérée en général comme très compliquée et on peut la subdiviser à l'infini (le classicisme, le baroque, les lumières, le romantisme, le scientisme, etc.).

> *Romantisme : important mouvement culturel du dix-neuvième siècle, caractérisé entre autres par l'affirmation d'une supériorité du sentiment et de l'intuition sur la raison ; une primauté du moi et du vécu subjectif ; un idéal d'accomplissement personnel, de réalisation et d'expression de soi ; la valorisation de la nature et de la spontanéité ; le sens du spirituel et du mystérieux ; le désir de se libérer des contraintes et le culte du héros créateur méprisant les conventions mesquines ; la nostalgie des choses lointaines (rêveries, goût de l'exotisme et du moyen âge) ; la lassitude ou le dégoût face à l'existence commune et l'appétit d'expériences inédites ; l'exaltation et l'idéalisation de l'amour passion ; la recherche de formes artistiques plus libres.*

> *Scientisme : doctrine selon laquelle la science serait la seule voie conduisant à la vérité. (« Scientiste » ne veut pas dire « savant » ou « scientifique », mais « adepte du scientisme » !)*

Nous le ferons plus tard si nécessaire, mais le moins possible.

Quatrième étape : les idées d'hier ou idées dites « contemporaines ».

Ce sont toutes celles du vingtième siècle, le nôtre donc, à partir de 1900 ou, mettons, de la première guerre mondiale (1914), mais dont les auteurs sont morts ou à peu près.

Et voilà le travail ! C'est aussi simple que ça.

Enfin, on pourrait toujours ajouter une dernière catégorie, mais ça ne servirait pratiquement à rien puisqu'on n'étudie en général que des affaires assez vieilles pour être considérées comme solides-valables-ou-importantes par les vieux bourgeois du ministère et de l'Assemblée nationale. Mentionnons donc simplement pour mémoire :

Cinquième étape : les idées d'aujourd'hui...

... que vous ne rencontrerez probablement pas, et qui d'ailleurs ne sont pas toujours si originales qu'on voudrait nous le faire croire : les prétendues idées « neuves » sont la plupart du temps des idées d'hier, plus ou moins bien recyclées.

Étudier l'histoire des idées, ça sert entre autres à ne pas prendre les vieilles vessies pour de nouvelles lanternes. J'espère que ça se comprend tout seul.

3

Principes d'analyse des idées

Partons d'une analogie.

Beaucoup de gens, en regardant autour d'eux, en arrivent à la conclusion qu'il existerait deux races principales, les Blancs et les Noirs, dans lesquelles ils s'efforcent de faire entrer plus ou moins tout le monde, tant bien que mal. Dans cette classification, les Tamouls du sud de l'Inde sont plutôt noirs, les Chinois sont plutôt blancs et l'affaire est close. Il m'arrive de soupçonner que les communiqués de la police et les articles du *Journal de Montréal* procèdent à peu près comme ça.

Et pourtant, en réalité, si on nous présentait une très grande affiche en couleurs avec deux cent cinquante visages pris un peu partout dans les différents peuples du monde et disposés en ordre, du plus clair (une Scandinave superblonde à la peau blanchâtre) au plus foncé (un Africain au noir d'ébène), nous verrions du premier coup d'œil qu'il n'existe pas deux, ni trois, ni cinq « races », mais bien une gamme continue de formes et de couleurs, avec des dizaines de nuances inclassables et absolument aucune limite précise entre telle et telle catégorie.

Devant un tel phénomène, on peut toujours essayer de satisfaire le besoin humain de mettre de l'ordre en bricolant un système un peu plus compliqué que le premier, mais cette fois avec quatre ou cinq races au lieu de deux, par exemple, Blancs, Jaunes, Rouges, Noirs ; ou encore : Européens, Asiatiques, Indiens, Africains, Autres.

Eh bien*, avec les idées, c'est pareil !

En effet, pour chaque sujet ou problème qu'on aborde lorsqu'on étudie les grandes idées, il est possible de procéder alternativement de ces trois façons différentes.

1°) Affirmer qu'il existe deux grandes positions opposées, comme Noirs et Blancs. On dira ainsi : séparatisme ou* fédéralisme, communisme ou capitalisme, idéalisme ou matérialisme, foi ou athéisme, magie ou science, etc.

En langage savant, c'est ce qu'on appelle une présentation dichotomique* des choses.

2°) À l'autre extrême on peut penser, au contraire, que chaque auteur étudié, ou même chaque livre, exprime une position absolument personnelle, unique et incomparable, subtilement complexe ou nuancée, et qu'il existe par conséquent non pas deux mais des dizaines et des dizaines de réponses possibles à n'importe quelle question philosophique, morale, religieuse, politique ou autre. C'est la position anticlassificatoire, peu commode il est vrai.

Notez qu'on n'écrit pas « Et bien » mais « Eh bien » avec un H.

Je vous suggère d'employer « ou », « contre », « par opposition à » ou bien « face à » de préférence à « versus », mot latin peut-être, mais qui nous vient directement de l'anglais, et donc d'éviter absolument d'écrire « vs ».

Une dichotomie, c'est tout simplement une division en deux et ça se prononce « dikotomi ».

3°) À mi-chemin des deux points de vue précédents, on peut toujours recourir à une classification en trois, quatre, cinq ou six tendances principales. Exemple bien connu emprunté à notre trépidante vie politique : fédéralisme centralisateur, fédéralisme assoupli, fédéralisme décentralisé, quasi-souverainisme allairisto-confédérationniste, souveraineté-association, souveraineté complète (mais assortie si possible de liens économiques spéciaux et d'un traité confédéral du genre Maastricht), indépendance pure et dure.

Ou encore, si vous préférez un domaine moins rigolo : croyant pratiquant, croyant non pratiquant*, sceptique indécis, agnostique résolu, incroyant à l'esprit ouvert, athée* borné et dogmatique.

On ne met pas de trait d'union entre « non » et un adjectif, mais on en met un s'il s'agit d'un nom : un « non-pratiquant », un « non-conformiste »...

À ce propos, un conseil : quand vous devez vous livrer à une analyse au sujet des grandes idées, essayez de doser habilement ces trois approches selon le cas, selon vos convictions profondes et selon les attitudes de l'enseignant ou de l'interlocuteur concerné.

Athée, nom masculin désignant une personne qui nie l'existence de Dieu, se termine bel et bien par « ée ».

Si, par exemple, votre professeur a fondé tout son cours sur l'opposition entre fédéralisme et séparatisme, n'allez pas lui expliquer sans précautions dans votre prochain travail que tout ça revient au même puisqu'en réalité le fédéralisme souple et décentralisé se confond plus ou moins avec la souveraineté-association bien comprise, comme l'aurait selon vous lumineusement démontré Pierre Bourgault dans sa polémique contre René Lévesque, etc. Vous risqueriez de perdre des points.

Et si le même professeur imaginaire a cherché durant toute la session à vous convaincre de l'originalité unique et merveilleuse des idées de son grand penseur préféré Machin-Chose (disons Jean-Paul Sartre, ou Pierre Bourgault), n'allez pas soutenir dans votre exposé qu'il n'y a en fin de compte dans le domaine concerné que deux solutions simples et universelles, qui sont substantiellement les mêmes chez tous les auteurs, et qu'en conséquence son cher Jean-Sol Partre n'est qu'un dualiste-spiritualiste tout à fait banal, ou son grand Bierre Pourgault un démagogue nationaliste très ordinaire.

Bref, dans les limites du respect de vos positions personnelles, un peu de diplomatie, de débrouillardise et d'à-propos.

« Quant à » : ne pas confondre avec « quand », ni avec « tant qu'à ». « Quant à moi, je pense que... » ; mais « Tant qu'à faire, il vaudrait mieux... »

Quant* au fond du problème, il est évident qu'aucune des trois approches n'est totalement stupide ni absolument parfaite. L'approche dichotomique est peut-être trop simplificatrice mais elle reste souvent éclairante. L'approche supernuancée est sûrement plus fidèle à la fameuse complexité et à l'inévitable richesse des choses de la vie ou de la pensée, mais elle finit par se perdre dans les nuages et par tout rendre incompréhensiblement complexe. Quant à la classification à quatre ou six cases, elle laisse fréquemment une impression de compromis boiteux* qui mélange un peu tout et dissout les problèmes dans un juste milieu insipide.

Boiteux, contrairement aux mots de la famille de « boîte », ne prend pas d'accent circonflexe sur le « i ».

Selon le cas, la meilleure solution, la plus juste ou la plus convenable, peut différer grandement. Ainsi, dans l'exemple des races, l'opposition Noirs-Blancs est totalement stupide, puisque la vérité (croyez-le ou non !) c'est que les « races » n'existent pas — ni huit, ni cinq, ni a fortiori* deux (si vous ne me croyez pas sur parole, discutez-en avec des profs de biologie) ! Mais ceci est une autre histoire.

Par contre, à la question « Dieu existe-t-il ? », il serait assez raisonnable de soutenir qu'il y a effectivement deux réponses fondamentales, qui sont (surprise !) : « oui » et « non ». Ici, nous avons un exemple où la dichotomie serait donc à la fois commode et valable.

Au total, dans la plupart des cas, il peut par conséquent se révéler habile ou acceptable de procéder comme suit :

A. Présenter d'abord les deux positions extrêmes et en expliquer nettement les grandes différences et les idées typiques (exemple : fédéralisme contre indépendantisme).

B. Expliquer ensuite qu'on rencontre en pratique toute une gamme de positions intermédiaires ou mixtes (qui vont, dans l'exemple choisi, du fédéralisme centralisateur à l'indépendance pure et simple, en passant par toutes les formules imaginables de fédéralisme souple plus ou moins décentralisé et par les diverses versions possibles de la souveraineté-association néo-confédérative).

C. Si nécessaire, montrer enfin qu'un auteur donné (ou une doctrine, ou un texte) se situerait plutôt, d'après vous, à tel ou tel point

Notez le « a » sans accent dans « a fortiori » : c'est du latin, ça se prononce « aforçiori » et ça veut dire « à plus forte raison ». Dans la même famille, on trouve « a priori » (au premier abord, avant de vérifier), « a posteriori » (après coup).

intermédiaire bien défini de cette gamme, ou encore que ses idées ont pu évoluer dans le temps à partir d'un extrême au début jusqu'à une position nuancée de compromis plus tard, ou encore qu'on trouve chez lui tantôt une position très claire et très radicale, tantôt des nuances très subtiles (voir Pierre Bourgault).

Bref, essayez de combiner au mieux les diverses stratégies. Et bonne chance, car on doit reconnaître que ce n'est pas toujours facile !

4

Des questions aux idées (et l'inverse)

En règle générale, toute idée intéressante répond à un problème important. Dans une réflexion, un exposé ou un travail, on devrait donc prendre la bonne habitude de toujours énoncer le problème avant de développer l'idée. Par exemple, de cette manière : « Il y a un grand problème, celui de savoir si *blablabla*... L'idée de monsieur Machin-Chose sur cette question, c'est que *taratata*... »

Cela étant dit, il faut bien voir que l'ordre de la découverte et celui de la compréhension peuvent être différents : en effet, il se peut que vous ayez sous les yeux une idée toute nue et que vous deviez reconstituer (deviner) par vous-même le problème correspondant.

Il importe ici de bien vous convaincre que c'est le plus souvent une simple affaire de gymnastique mentale et verbale. Voyez plutôt ces quelques exemples :

Idée 1 : *« Il est trois heures et demie. »*

Question correspondante : « Quelle heure est-il ? » (Ha ! Ha !)

Idée 2 : *« Après la mort, les âmes des défunts se réincarnent à plusieurs reprises et passent successivement par de nombreuses vies sous diverses formes animales, végétales, humaines, extraterrestres, angéliques ou divines, jusqu'à ce qu'elles aient rempli leur mission et accompli leur destinée. »*

Question correspondante : « Y a-t-il une survie et si oui, sous quelle forme ? » (ou bien : « L'âme est-elle immortelle et quelle est sa destinée ? »).

Idée 3 : *« Le Québec a intérêt à rester au sein du Canada, surtout du point de vue économique. »*

Question correspondante : « Quel est le meilleur statut politique pour le Québec ? » (ou bien : « Quel avenir constitutionnel le Québec devrait-il choisir ? »).

Idée 4 : *« L'ordre sublime du cosmos suppose sa création par une intelligence divine, qui en est la seule explication logique possible. »*

Question correspondante : « Dieu existe-t-il ? » (ou : « Y a-t-il des preuves de l'existence d'un Dieu créateur ? »).

Idée 5 : *« Absolument tout ce qui existe est fait uniquement de matière et les purs esprits sont totalement impossibles. »*

Question correspondante : « De quoi le réel est-il fait ? » (ou : « Quelle est l'étoffe ultime des choses ? »).

Et ainsi de suite. Ça vous paraîtra obscur au début, mais vous verrez qu'on s'y accoutume assez rapidement. S'il le faut, lisez et relisez chaque exemple.

De plus, comme vous le constatez, plusieurs formulations d'un même problème sont possibles. Il est essentiel de bien voir que, parfois, tel ou tel choix particulier de termes risquerait de manifester une prise de position ou un préjugé de votre part. Soyez donc très prudent si vous ne voulez pas obscurcir le sujet (et éventuellement* contrarier votre interlocuteur).

Par exemple, à l'idée numéro trois, on peut douter fortement qu'il soit habile de choisir comme question correspondante : « Pourquoi le Québec devrait-il rester dans la fédération canadienne ? » Ce serait mettre un peu trop de réponse dans la question. (D'autant plus risqué que les trois quarts des professeurs de cégep sont des sympathisants — déçus, évidemment — du Parti québécois.)

Un point fondamental à retenir : selon le principe de la dichotomie rencontré plus haut, votre question doit pouvoir admettre au moins deux réponses illustrant deux prises de position théoriques tout à fait contraires.

Ainsi : « Dieu existe-t-il ? »

a. « Oui. »

b. « Non. »

c. « Peut-être. »

d. « On ne peut pas le savoir. »

Quatre réponses possibles, dont les deux premières sont contradictoires entre elles : ça marche.

Par contre si, à l'idée numéro deux, vous posiez la question : « Comment se passe la réincarnation ? », vous supposeriez admis

Éventuellement : ne se dit qu'à propos d'une chose ou d'un événement qui est *à la fois* : a) futur, b) possible et c) incertain — ce qu'on appelle une éventualité (hypothétique). Il n'y a aucune raison de vous laisser influencer par l'anglais « eventually » qui, lui, s'applique aussi bien au passé qu'à l'avenir, et signifie : finalement, plus tard, au bout du compte, à la fin, par la suite, tôt ou tard, à la longue, en définitive, en fin de compte.

d'avance l'essentiel de la réponse (à savoir : qu'il y a une réincarnation) et vous n'auriez au mieux, comme réponses, que de légères différences d'interprétations ou de représentations, mais pas deux grandes positions contraires. C'est pas bon.

Habituez-vous, autant que possible, à passer librement d'une idée à sa question et d'une question à ses réponses types.

Idée 6 : *« La vie est totalement dénuée de sens. »*

Question correspondante : « Quel est le sens de la vie ? » (ou : « La vie a-t-elle un sens ? »)

Réponses types :

a. « La vie a un sens parce que Dieu existe et qu'après notre mort nous assumerons les conséquences de nos actions dans un au-delà surnaturel. »
b. « La vie est absurde et n'a aucun sens. »
c. « Le sens de la vie, c'est la vie elle-même. »
d. « Le problème est mal posé », ou encore : « La question (la question, pas la vie) est dénuée de toute signification précise. »

Bien entendu, il est tout à fait normal qu'on rencontre encore l'idée de départ (« la vie n'a pas de sens ») parmi les réponses types ! Si on ne la retrouvait pas, cela prouverait que nous avons commis une erreur quelque part.

La dernière réponse (« Le problème est mal posé ») mérite qu'on s'y attarde quelque peu. On peut en effet presque toujours décider de refuser la question posée ; c'est même une spécialité des philosophes professionnels. Cela peut se révéler utile si vous voulez absolument éviter de répondre, ou si vous êtes véritablement convaincu que les termes mêmes du problème soulevé sont ambigus ou trompeurs.

Mais méfiez-vous : si la question a été choisie et formulée par un grand philosophe (ou par un professeur) et s'il a l'air de tenir à une réponse plutôt qu'à une autre, c'est sans aucun doute qu'il trouve le problème valable et bien formulé, auquel cas il serait plutôt déconseillé de remettre en cause la question elle-même.

Naturellement, si vous êtes à l'aise avec le langage abstrait, vous pouvez souvent faire preuve de brio dans l'analyse des mots d'une question. Par exemple, dans *« La vie a-t-elle un sens ? »*, vous pourriez vous attarder au sens du mot « sens ». Ce serait assez chic.

Qu'est-ce qu'un « sens » ? N'est-ce pas normalement le contenu, l'idée ou le concept qui est évoqué ou représenté par un signe ou par un symbole ? Alors, pour que la question ait une signification acceptable, la vie devrait pouvoir être considérée comme un signe ou un symbole, ce qui n'est pas évident. Et si la vie n'est pas un signe ni un symbole, la question est peut-être une fausse question, une question mal posée. Et ainsi de suite.

C'est sans doute une possibilité à envisager si vous voulez faire preuve d'intelligence conceptuelle et d'habileté verbale. Mais attention ! Cet exercice est périlleux et risque de vous mettre dans l'embarras, car en général, votre interlocuteur attend une discussion des réponses davantage que de la question.

D'ailleurs, lorsqu'il s'agit de montrer que vous avez compris les idées d'un auteur, d'une doctrine ou d'une époque, vous seriez mal venu de prétendre d'emblée que le problème qu'ils se sont posé n'avait aucune valeur et de le rejeter purement et simplement. Gardez plutôt ce genre de commentaires pour la conclusion de votre réflexion !

Mais retenez tout de même ceci : il y a souvent intérêt à discuter et à préciser le plus possible les termes et le sens de chaque question abordée. Définir tous les mots importants, examiner les diverses interprétations concurrentes du problème, bref couper les cheveux en quatre. Cela a non seulement l'avantage de remplir du papier ou du temps, mais constitue une bonne manière d'introduire les idées en cause.

C'est aussi une façon de se montrer fidèle à la grande tradition de discussion inaugurée par Socrate et Platon, dont nous allons reparler dans un moment. Définissez, redéfinissez, contre-définissez, il en restera toujours quelque chose !

5

Idées et doctrines

Autre chose, à présent. Si vous désirez réussir un cours comportant des éléments d'histoire des idées, ou tout bonnement avoir l'air cultivé, vous n'avez pas le choix : il faut vous familiariser avec les -ismes : réalisme, marxisme, théisme, formalisme, spiritualisme, scientisme, matérialisme, nationalisme, idéalisme, positivisme et ainsi de suite.

« Fatigant », « fatigante », adjectifs, s'écrivent sans « u », contrairement au participe présent « fatiguant ».

Ça a l'air fatigant* et rébarbatif, mais en fait c'est assez simple à comprendre. Chaque grande question est susceptible de recevoir plusieurs réponses (grandes ou moins grandes). Chaque réponse importante constitue une doctrine. Et finalement toute doctrine a un nom.

« Pour cent », en deux mots, « pourcentage » en un.

Dans quatre-vingt-dix pour cent* des cas, ce nom est un -isme. Il y a quelques exceptions, des noms de doctrine sans -isme comme : psychanalyse ou phénoménologie, mais on s'y habitue vite.

Vous auriez donc tout intérêt à maîtriser d'abord la différence entre -isme et -iste. Voyons pour commencer le cas des noms (substantifs). Un commun*iste*, c'est quelqu'un qui adhère au commun*isme*. L'anarch*iste* qui gueule tout le temps contre tout croit passionnément à l'anarch*isme*. Bref, un « -iste » c'est une personne alors que le « -isme » c'est la doctrine.

Psychanalyse : théorie portant sur les motivations inconscientes des comportements humains, spécialement dans les troubles mentaux, et méthode de traitement psychologique de certains de ces troubles (voir la section sur Freud au chapitre 9).

Phénoménologie : école de pensée philosophique basée sur l'étude des apparences (phénomènes) qui cherche à élucider les diverses formes de la vie consciente (subjectivité).

Tout ça serait assez simple s'il n'y avait pas en plus le cas des adjectifs, qui eux sont tous en -iste (mais ne désignent pas toujours des personnes) : la théorie communiste, une doctrine spiritualiste, le mouvement anarchiste, les idées positivistes, un militant socialiste.

Pour arranger le tout, il existe là aussi des exceptions, faciles heureusement : le *christianisme*, mais un *chrétien* et la pensée *chrétienne*.

Il faut bien comprendre que ces étiquettes en -isme sont simplement des raccourcis indispensables, car il serait infernal de devoir répéter sans arrêt, par exemple, « les idées de ceux qui croient à l'indépendance du Québec » — on dit (ou plutôt, on disait, quand il y en avait) : « l'indépendantisme » et « les indépendantistes » ; c'est nettement plus court. La même chose vaut pour chaque doctrine, école de pensée ou mouvement d'idées.

> *Christianisme : doctrine fondée sur la croyance en la divinité de Jésus-Christ, sur son enseignement (amour, charité et pardon) et sur sa vie (telle que racontée dans les Évangiles, ou Nouveau Testament). Chrétien : qui professe la foi en Jésus-Christ et adhère au christianisme. Les catholiques et les protestants sont deux variétés de chrétiens.*

Cela dit, un -isme ne se suffit pas à lui-même : n'oubliez jamais que tout nom en -isme doit pouvoir être remplacé sur demande par une définition claire et une explication substantielle. C'est d'ailleurs l'un des pièges classiques que les professeurs aiment bien et qui consiste à poser subitement la question : « Qu'est-ce que le ...isme ? » La solution à ce genre de piège est double.

Premièrement, il y a tout intérêt à savoir réellement ce que c'est que tel ou tel -isme et à s'en souvenir. (Original, non ?)

Deuxièmement, il est utile de connaître des formules types de telles définitions. En voici une simple et efficace : « Le ...isme, c'est la doctrine selon laquelle *blablabla.* »

Exemples : « Le christianisme, c'est la doctrine selon laquelle Jésus-Christ est le fils de Dieu venu sur terre pour sauver l'humanité par l'amour » ; « Le spiritualisme, c'est la doctrine selon laquelle il existe deux réalités fondamentales, l'esprit et la matière, l'esprit étant de nature plus élevée et plus noble que la matière. »

Bien sûr, vous pouvez à l'occasion chercher à varier un peu la formulation afin d'éviter trop de répétitions. « Théorie d'après laquelle » ou « Point de vue selon lequel » peuvent alors faire l'affaire.

Monisme, vient du grec *monos* : un seul ; comme dans monorail, monocycle, mononucléose, monomaniaque.

Exemple : « Un monisme*, c'est une théorie d'après laquelle il n'y a qu'une réalité fondamentale. »

« Un dualisme*, c'est un point de vue selon lequel il y a deux réalités fondamentales. »

Dualisme, vient du latin *dualis* : composé de deux ; comme dans duel, dualité.

Mettez-vous bien ça dans la tête : doctrine selon laquelle ; doctrine selon laquelle ; doctrine selon laquelle. Quand vous prenez des notes, vous pouvez même, en guise d'abréviation, écrire seulement DSL à la place de « doctrine selon laquelle » :

« Matérialisme : DSL la matière est la seule réalité » ;

« Positivisme : DSL la connaissance positive des faits (fournie par l'expérience et les théories scientifiques) serait la seule forme de savoir vrai et valable. »

Et ainsi de suite. Mais attention ! Si vous n'avez pas lu trop vite ces deux derniers exemples, vous avez dû buter sur un problème très sérieux.

En effet, il aurait dû être évident pour vous que le matérialisme, dans le langage de tous les jours, ce n'est pas du tout ce que dit ma définition DSL ci-dessus, puisque c'est plutôt l'attitude consistant à privilégier les biens de consommation et l'argent.

De son côté le positivisme, dans le langage de tous les jours, n'a généralement rien à voir avec la science : c'est l'attitude qui consiste à cultiver une pensée optimiste, confiante et positive face à la vie.

Eh bien, il faut vous résigner à ces doubles sens extrêmement dangereux. Le fait est que beaucoup de -ismes ont une signification différente dans la vie courante et dans l'histoire des idées. Si l'on veut y voir clair, on doit donc chercher à bien repérer explicitement ces doubles sens et à s'en méfier comme de la peste. Il faut aussi se tenir prêt à apporter toutes les précisions requises en adoptant une formule du genre suivant :

« Le matérialisme *au sens courant du terme*, c'est l'attitude des personnes qui privilégient les biens matériels et la richesse. Par contre, le matérialisme *au sens philosophique*, c'est la doctrine selon laquelle la matière physique est la seule réalité existante » ;

« Le positivisme *au sens philosophique du terme*, c'est la théorie selon laquelle la connaissance positive des faits (fournie par l'expérience et les théories scientifiques) serait la seule forme de savoir vrai et valable. Mais il faut signaler qu'il n'y a aucun rapport entre cette doctrine philosophique et le positivisme *au sens familier*, qui désigne souvent l'attitude consistant à cultiver une pensée positive et optimiste devant l'existence. »

Maxime de prudence : si un -isme vous paraît familier, méfiez-vous ! Le livre, ou le professeur, utilise peut-être ce nom en -isme dans un sens complètement différent de celui que vous connaissez ! Redoublez donc de vigilance. Posez-vous des questions et vérifiez si possible dans deux ou trois bons dictionnaires (c'est toujours mieux qu'un seul), comme le *Petit Larousse* ou le *Petit Robert 1*.

J'espère que vous voilà un peu mieux prévenus de l'importance des noms de doctrines, des définitions qui leur correspondent, et des pièges qui s'y cachent.

6

Où trouver de l'information

Le secret de la réussite dans le domaine des idées, au cégep comme ailleurs, c'est malheureusement la lecture (qui risque, sinon de vous rendre complètement fou, du moins de vous fatiguer les yeux, vous obligeant à la longue à porter des lunettes), en particulier la lecture d'ouvrages susceptibles de vous fournir des informations et des explications au sujet des auteurs, des œuvres, des doctrines ou des périodes sur lesquels vous devez vous renseigner ou travailler, livres qui ont une fâcheuse tendance à être imprimés en petits caractères et remplis de mots savants que vous ne comprenez pas bien.

Soyons clairs. Les textes originaux des grands auteurs du passé sont pour la plupart des gens, je dirais dans quatre-vingt-quinze pour cent des cas, parfaitement illisibles et obscurs.

Croyez-le ou non, mais la vérité c'est que, en général, les professeurs ne les lisent pas non

Dans les « années quatre-vingt », quatre-vingt ne prend pas de « s ».

plus ; ils font simplement semblant de les avoir déjà lus il y a longtemps. Un philosophe européen assez connu des années soixante-dix et quatre-vingt*, Louis Althusser, qui a étranglé sa femme dans un accès de folie furieuse, nous avoue dans ses Mémoires qu'il a enseigné l'histoire de la philosophie pendant vingt ans en n'ayant pas lu la moitié de ce qu'il aurait dû.

S'il n'avait pas tué son épouse, il n'aurait sans doute jamais écrit une confession complète et personne ne s'en serait jamais douté. Rien n'indique qu'il soit le seul dans ce cas, et je vous laisse le soin d'imaginer ce que j'ai vraiment lu moi-même !

En second lieu, il faut savoir qu'un grand nombre de livres qui dorment sur les rayons des bibliothèques scolaires, universitaires ou municipales sont désuets, indigestes et beaucoup trop compliqués pour la majorité d'entre nous. Les ouvrages français-de-France (les plus nombreux, comme par hasard) sont la plupart du temps assez prétentieux et remplis d'une sorte d'invraisemblable charabia pseudo-savant assez difficile à déchiffrer. De leur côté, les ouvrages américains seraient souvent plus clairs et accessibles, mais ils présentent le grave inconvénient d'être rédigés... en anglais ! — langue que la quasi-totalité des étudiants et des curieux n'aiment pas suffisamment pour lire des livres sérieux (et quand même relativement exigeants). Quant aux ouvrages québécois, le problème est simplement que, dans ce domaine, il y en a très peu.

Le jour béni viendra peut-être où un éditeur osera publier une collection d'abrégés (*digests*) des chefs-d'œuvre* de la pensée universelle traduits en français fondamental moderne (*basic french*). Mais ce jour n'est apparemment pas pour demain. Donc, en attendant, il est extrêmement important pour vous de dénicher la perle rare : un texte *relativement simple et accessible* sur l'histoire de la pensée, ou sur tel ou tel auteur, ou encore sur telle ou telle doctrine.

Notez que seul « chefs » prend la marque du pluriel.

À ce propos, j'aimerais vous donner un petit conseil. Si vous entendez parler d'un auteur pour la première fois, n'allez pas immédiatement dans le fichier ou l'ordinateur d'une bibliothèque pour trouver un livre de cent cinquante (ou trois cents) pages sur sa pensée et le lire. Dans un premier temps, reportez-vous plutôt à des ouvrages du genre dictionnaire, panorama ou encyclopédie.

En effet, pourquoi ne pas commencer par chercher *plusieurs* notices *brèves* (de une à cinq pages environ) à son sujet ? Faites-en ensuite des photocopies et lisez-les une ou deux fois chacune en soulignant clairement ce qui vous frappe ou vous paraît important.

Il me semble, personnellement, que c'est un moyen bien plus efficace de prendre un premier contact avec l'inconnu, et cela présente l'avantage de vous donner rapidement accès à différentes approches complémentaires au lieu d'une seule. Je crois que dans la plupart des cas, au début de vos recherches, plusieurs textes courts vaudront mieux qu'un seul grand texte très long.

Sans parler de plagiat — sujet tabou —, ceux d'entre vous qui ont l'esprit mal tourné (y en a-t-il ?) comprendront aussi qu'avec plusieurs textes il est beaucoup plus facile de s'inspirer d'une phrase ici, une phrase là, de mettre le tout dans votre petit mélangeur mental portatif, de bien secouer et d'ajouter quelques fautes d'orthographe pour faire plus vrai.

« Si j'aurais » est une faute grave, comme vous le savez déjà. Si j'étais, je pourrais. Si je faisais, je réussirais. Si je savais, j'essaierais. Si je voulais, je dirais, etc.

Si j'avais* une dernière suggestion à vous faire ici, ce serait de vous méfier des ouvrages trop sérieux et trop savants comme l'*Encyclopaedia Universalis* ou la nouvelle *Encyclopédie philosophique universelle* des Presses universitaires de France, dont les articles sont, à mon humble avis, beaucoup trop difficiles pour des débutants ou de simples amateurs.

Dans cet esprit, voici donc quelques suggestions personnelles, mais sans garantie aucune, évidemment*. (D'ordinaire, les bibliographies sont à la fin des livres, où on les oublie facilement. Si je fais figurer celle-ci en plein milieu du texte, c'est afin que vous ne la manquiez pas.)

Notez la façon habituelle de faire une bibliographie : le titre du livre est en italique (ou souligné), le titre du chapitre ou de l'article est entre guillemets (« »), le lieu d'édition vient avant la maison d'édition.

Lercher, Alain, *Les mots de la philosophie*, Paris, Belin (coll. « Le français retrouvé »).

Une petite merveille. Moitié historique, moitié philosophique. Plutôt simple, souvent amusant, très pratique. Vaut bien des cours magistraux !

Julia, Didier, *Dictionnaire de la philosophie*, Paris, Larousse ;

Legrand, Gérard, *Vocabulaire Bordas de la philosophie*, Paris, Bordas ;

Morfaux, Louis-Marie, *Vocabulaire de la philosophie et des sciences humaines*, Paris, Armand Colin ;

Russ, Jacqueline, *Dictionnaire de la philosophie*, Paris, Bordas.

Généralement clair et accessible, ce type de petit instrument de travail pourrait vous rendre de nombreux services. Le plus souvent, de tels ouvrages traitent non seulement des termes techniques ou des noms d'écoles de pensée, mais aussi des grands auteurs. Bien entendu, les titres indiqués ne sont que des exemples : il en existe plusieurs autres similaires. Nombreuses rééditions dans la plupart des cas.

Collectif, *Encyclopédie universelle Marabout université, vol. 4 (Mathématiques, Religions, Philosophie, Psychologie, Pédagogie)*, Verviers (Belgique), Éditions Gérard & cie.

Le chapitre « Philosophie » (p. 406-586) est un petit panorama historique. Une vieillerie très recommandable : simpliste, court et assez compréhensible. Les volumes suivants pourraient aussi vous être utiles pour la sociologie, la politique et l'économie, mais ils risquent de paraître nettement plus démodés. Se trouve assez facilement en bibliothèque ou chez les bouquinistes (très bon marché).

Roussel, François, « La philosophie », dans *Encyclopédie thématique Weber* (vol. 13, *La pensée*, p. 135-225), Paris, Weber.

Dans le même genre que le précédent, mais plus moderne et plus détaillé. Des résumés utiles et un tableau d'ensemble intéressant. Dans toutes les bonnes bibliothèques.

Collectif, *L'homme et sa pensée*, (collection « Les chemins de l'humanité »), Paris, Tallandier.

Cet ouvrage de type encyclopédique comporte trois panoramas historiques : des grandes religions, des doctrines philosophiques, des idées morales et sociales. Traduit de l'anglais, donc relativement accessible. En bibliothèque.

Russell, Bertrand, *L'aventure de la pensée occidentale*, Paris, Hachette.

Pour une histoire de la philosophie complète et détaillée, claire et subtile à la fois, qui mérite une lecture continue et sérieuse, rien ne vaut cette présentation vulgarisée et agréable par le grand logicien et penseur britannique, prix Nobel de littérature (eh oui !). Irremplaçable dans son genre.

Collectif, *Encyclopédie autodidactique Quillet*, Paris-Montréal, Quillet-Grolier.

Autre vieillerie poussiéreuse, dont l'édition en huit volumes se rencontre encore parfois dans les librairies de seconde main. Dans le tome 1, vous trouverez (p. 16-21) un tableau synoptique assez bien fait, qui tente de ramasser en quelques pages (et en quelques lignes pour chaque penseur !) l'essentiel de l'histoire de la philosophie. Très pratique (et facile à photocopier). Dans le même ordre d'idée, on rappellera le *Dictionnaire encyclo-*

pédique Quillet, Paris, Librairie Aristide Quillet, qui comprend pour chaque grand auteur un tableau assez commode.

Collectif, *Encyclopédie Alpha*, 43 vol., Montréal, Éditions Franson.

Que vous le sachiez ou non, il y a sans doute un exemplaire de l'*Encyclopédie Alpha* dans la bibliothèque ou au sous-sol d'un membre de votre famille. L'édition québécoise, parue vers 1969, a été vendue sous forme de fascicules, porte à porte ou par correspondance, pendant toutes les années soixante-dix. C'est une mine d'informations, classées par ordre alphabétique (d'où son nom : alpha, alphabétique). Vous voulez savoir qui était Aristote ? *Alpha* vous l'explique en cinq paragraphes. Formidable.

Collectif, *L'encyclopédie AZ*, 15 volumes, Paris, Éditions Atlas ;

Collectif, *Savoir plus*, 10 volumes, Paris, Grange-Batelière.

Dans un style proche du précédent et tout à fait comparable. C'est le genre de livre de référence que les professeurs n'ont en général jamais vu et dont ils ignorent jusqu'à l'existence même. Gros avantage, dont je vous laisse le soin d'imaginer les diverses conséquences possibles...

EDMA (Encyclopédie du monde actuel), *La philosophie*, Paris, Le Livre de Poche (n° 4471).

Présentation sous formes de fiches. Très commode, mais concerne surtout le vingtième siècle. Dans la même série EDMA, dirigée par

Charles-Henri Favrod, on trouve aussi des titres utiles comme *Les idées du 20ᵉ siècle* (nº 4469), *Le marxisme* (nº 4454) ou encore *La psychanalyse* (nº 4450), sans parler des autres sur la sociologie, l'anthropologie, l'économie, la linguistique, l'écologie, le racisme et le gauchisme. Une mine. Malheureusement épuisés ; bibliothèques ou seconde main seulement.

Collectif, *Mémo Larousse, Encyclopédie générale visuelle et thématique*, Paris, Larousse.

Le chapitre « Œuvres des sciences humaines » (p. 820-839) comporte plusieurs passages susceptibles de vous éclairer sur diverses écoles de pensée.

Ducassé, Pierre, *Les grandes philosophies*, Paris, PUF (coll. « Que sais-je ? », nº 47).

Une histoire de la philosophie assez simplifiée. Style pas trop tordu. Épuisé ; bibliothèques ou seconde main. Attention : dans la *même* collection, sous le *même* titre et le *même* numéro, ce livre déjà ancien (1962) a été remplacé en 1988 par un nouveau, écrit par quelqu'un d'autre (Dominique Folscheid) et plus difficile. Ne pas confondre (vérifier le nom de l'auteur sur la couverture).

La collection « Que sais-je ? » mérite deux mots de présentation, si vous ne la connaissez pas déjà. Elle s'achemine vers son numéro trois mille, et offre donc des ouvrages de niveaux et de valeurs très divers : certains sont des réussites pédagogiques merveilleuses, d'autres sont carrément illisibles. C'est donc une source d'information exceptionnelle, mais à utiliser avec circonspection.

Russ, Jacqueline, *Histoire de la philosophie. De Socrate à Foucault*, Paris, Hatier (coll. « Profil », n° 736-737) ;

Schifres, Josianne, *Lexique de philosophie*, Paris, Hatier (coll. « Profil », n° 734-735).

Deux petits volumes assez abordables et remplis d'informations, qui méritent, le premier d'être lu pour le tableau d'ensemble qu'il propose et pour certaines analyses concernant un auteur particulier, le second d'être consulté au besoin pour préciser tel ou tel terme savant.

Millet, Louis, et Mourral, Isabelle, *Petite encyclopédie philosophique*, Paris, Éditions universitaires.

Réunit les avantages d'un lexique où les termes techniques sont définis et d'une encyclopédie historique où chaque grand auteur ou courant de pensée est présenté assez brièvement dans ses grandes lignes. Assez recommandable (et récent, donc disponible).

Amiel, Anne, *50 grandes citations philosophiques expliquées : Les auteurs et les courants de pensée*, Alleur (Belgique), Marabout (MS-99).

Une formule qui pourrait retenir l'attention de certains : des phrases célèbres commentées. Pas trop compliqué. Notez également, chez le même éditeur : Grigorieff, Vladimir, *Philo de base* (MS-56), qui propose une histoire de la pensée de l'antiquité au 20e siècle. À signaler, dans la même série, d'autres titres à exploiter : *50 modèles de dissertations* (MS-53), *100 grandes citations expliquées* (MS-89), *50 mots clés de la culture générale classique* (MS-1200), *50 mots clés de la culture générale contemporaine* (MS-97), etc.

Huisman, Denis, et Vergez, André, *Histoire des philosophes illustrée par les textes*, Paris, Nathan ;

Huisman, Denis et Malfray, Marie-Agnès, *Les pages les plus célèbres de la philosophie occidentale. De Socrate à Foucault*, Paris, Perrin.

Le second est plus récent. Dans les deux cas, il s'agit d'un recueil de textes choisis des grands penseurs (extraits). Les introductions concernant chaque auteur sont particulièrement susceptibles de vous être utiles : ses idées principales y sont présentées de façon assez complète, élémentaire mais précise.

Sorman, Guy, *Les vrais penseurs de notre temps*, Paris, Le livre de poche (n° 6962).

Pour les lecteurs curieux, un recueil de vingt-huit entrevues avec de bons esprits actuels. Journalistique mais sérieux. Malgré les forts penchants libéraux de l'auteur, c'est une lecture stimulante, qui fait réfléchir. Vous ouvrira des horizons.

Tétu de Labsade, Françoise, *Le Québec, un pays, une culture*, Montréal, Boréal-Le Seuil.

Pour un aperçu de l'histoire de la pensée au Québec, dont nous ne parlerons pratiquement pas ici, sauf très brièvement en conclusion, le chapitre cinq de ce livre (« Le mouvement des idées », p. 132-157) résume les connaissances de base que tout le monde devrait posséder. Assez bon instrument d'initiation scolaire.

À signaler une petite collection des éditions du Boréal (Montréal) qui pourrait vous être très utile, puisqu'elle est à la fois simple et attrayante (présentée en effet presque sous forme de bandes dessinées) portant sur quelques-uns des grands auteurs abordés dans la suite, entre autres :

Miller, Jonathan, *Darwin pour débutants* (épuisé) ;

Rius, *Marx pour débutants* ;

Smith, David, *Le* Capital *de Marx pour débutants* ;

Appignanesi, Richard, *Freud pour débutants*.

Dans le même ordre d'idée, il vaut la peine de signaler au passage la remarquable réussite que constitue la petite collection de poche « Découvertes », aux éditions Gallimard. Admirablement illustrée et pleine de petits bijoux de vulgarisation. On y relèvera entre autres un *Bouddha*, un *Galilée*, un *Newton*, un *Freud,* un *Montaigne*, un *Voltaire*, un *Rousseau* et un *Einstein*. Une pure merveille.

Marcas, Roboald, *Précis de philosophie moderne*, Paris, Robert Laffont.

Si vous avez la malchance de tomber sur un professeur spiritualiste et conservateur, cette satire d'une immense drôlerie devrait contribuer à vous consoler un peu. Réservé cependant aux initiés et aux intellectuels portés sur le cynisme et les sous-entendus.

Kahn, Jean-François, *Histoire du progrès social*, Paris, Cercle du bibliophile (coll. « Découverte de la science ») ;

Brosse, Jacques, *Cent mille ans de vie quotidienne*, Paris, éditions du Pont Royal (Del Duca-Laffont).

Au cas où vous chercheriez un résumé de l'histoire universelle pour mieux pouvoir y situer les penseurs et les philosophes dans leur contexte, ce sont là les deux livres que je vous recommanderais. Plutôt introuvables, évidemment.

Garaudy, Roger, *Comment l'homme devint humain*, Paris, éditions Jeune Afrique.

Ce titre vous sera utile si vous voulez relativiser ma perspective un peu trop européocentrique. L'auteur fait l'éloge des grandes traditions religieuses de l'Orient ou de l'Afrique et il critique les « erreurs » de l'Occident au nom d'une position à la fois religieuse, tiers-mondiste et écologique. Accessible.

Niquet, Gilbert, *Écrire avec logique et clarté*, Paris, Hatier (coll. « Profil », n° 391) ;

De Villers, Marie-Éva, *La grammaire en tableaux*, Montréal, Québec/Amérique.

Pour terminer, je me permets de suggérer ces deux petits guides pratiques qui ne feront de mal à personne.

Voilà pour les préliminaires.

Sur ce, entrons dans le vif du sujet.

Deuxième partie

APERÇUS D'HISTOIRE DES IDÉES

7

Idées et doctrines religieuses traditionnelles

Il y a assez peu de chances que vous entendiez beaucoup parler des très vieilles idées qui sont principalement celles des grandes religions traditionnelles. Dans l'enseignement collégial, par exemple, il me semble que les grandes religions anciennes ne sont pas tellement à la mode. Si par malchance vous tombez sur un fanatique du bouddhisme zen, prenez votre mal en patience, je ne peux rien faire pour vous aider.

En pratique, il y a seulement deux problèmes qui risquent de nous placer devant l'obligation d'en savoir un peu plus sur ces très vieilles idées : le problème de Dieu (assez démodé et rarement traité de manière historique) et celui de l'immortalité de l'âme.

Arrêtons-nous donc à ce dernier cas, qui va nous permettre d'illustrer une première fois l'un des grands pièges de l'histoire des idées, le *contresens*, sur lequel nous reviendrons.

Officiellement, l'Église catholique adhère bien au dogme étrange de la résurrection des corps, mais personne ou à peu près n'y fait plus guère allusion.

En gros, la question de savoir ce qui nous arrive à la mort se présente de la façon suivante. On admet en général, sur la base de l'observation courante, que l'être humain possède un corps physique et que ce corps physique naît, vit et finalement s'éteint une fois pour toutes*.

Surnaturel : qui est supérieur à la réalité naturelle commune et échappe à ses lois ; d'un autre ordre, plus élevé (comme le divin, le sacré, les miracles).

La plupart des religions et des philosophies affirment cependant que l'homme possède aussi une âme de nature spirituelle, qui serait indépendante du corps. À la mort du corps, cette âme pourrait donc se séparer du cadavre et continuer à vivre d'une certaine façon, plus ou moins surnaturelle*.

Les diverses positions face à la question de l'au-delà sont donc essentiellement les suivantes :

1. Agnosticisme : On ne peut pas le savoir.

> *Agnosticisme : Doctrine selon laquelle tout ce qui est au-delà du monde naturel est inconnaissable. Prononcer nettement « aG'nostik », « aG'nosticisme », et non pas quelque chose de mou du genre : « a'Niostik », « a'Niosticisme ». Même chose d'ailleurs avec un « diagnostic » médical : « diaG'nostik », et non pas « dia'Niostik ». Ce curieux « gue » (au lieu du son habituel en français pour « gn », proche de « nieu ») vient du grec ancien. Voici d'autres exemples de ce son dur « G'n » : « stagner », « stagnation », « magnat », « magnum », « gnose », « gneiss », « gnomon » et « gnome ».*

2. Matérialisme : L'homme n'est qu'un corps matériel ; la pensée n'est rien d'autre que l'effet de l'activité du cerveau ; l'âme n'existe

pas ; à la mort, tout est fini ; il n'y a ni au-delà, ni survie ; les récits de « vie après la mort clinique » ne sont que des états altérés de la conscience, des fables, des hallucinations ou des fantasmes.

3. Spiritualisme : a) L'homme est fait d'une âme spirituelle et d'un corps matériel ; b) L'âme survit à la mort du corps.

Nous y voilà. Car, ici, deux sous-doctrines sont possibles. Ou bien :

3.1 Chaque âme ne passe qu'*une* existence dans un corps. Elle naît une seule fois, vit une unique vie terrestre, puis à la mort se transporte définitivement* dans un plan spirituel, l'au-delà surnaturel, d'où elle ne sortira plus. Ce plan spirituel est aussi celui où existerait un Être supérieur, appelé Dieu, qui fixerait le destin de l'âme des défunts en fonction de leurs actions et intentions passées. L'âme irait donc soit au paradis, soit en enfer (ou encore, mais à titre temporaire seulement, au purgatoire). C'est la théorie généralement attribuée au christianisme.

« Définitivement » signifie une fois pour toutes, et non « assurément » — qui est le *definitely* anglais (certainement, absolument, sans aucun doute, manifestement).

Ou bien :

3.2 Les âmes vivent *plusieurs* vies. Le courant de pensée le plus représentatif de cette dernière position est l'hindouisme.

Supposons à présent, pour les besoins de ma démonstration, que vous vous intéressiez à cette doctrine.

L'hindouisme est la religion principale de l'Inde. Il s'agit en réalité d'un ensemble foisonnant et passablement diversifié de croyances et de divinités (peut-être même de plusieurs religions, apparentées bien qu'aussi différentes entre elles que le catholicisme et le protestantisme, mais sur le détail desquelles vous n'aurez guère à vous prononcer, donc vous pouvez négliger cette complication).

> *Hindou : qui concerne la religion appelée hindouisme. Indien : qui vient de l'Inde. Tous les Indiens ne sont pas des hindous : une minorité d'entre eux sont chrétiens, bouddhistes ou musulmans, par exemple. (Pour désigner sans ambiguïté les autochtones d'Amérique, on dit désormais « Amérindiens » plutôt qu'« Indiens ».) L'hindouisme constitue une famille de croyances et de pratiques religieuses, qui remonte aux* Védas, *livres sacrés très anciens (plus de mille ans avant l'ère commune), aux* Brahmanas *(neuvième siècle avant notre ère) et aux* Upanishads *(environ sept cents ans avant notre ère). C'est un polythéisme (plusieurs divinités), dont les figures principales sont Çiva, Vishnou et Çakti. On mentionnera pour mémoire l'un des rites caractéristiques de l'hindouisme, le bain de purification dans les eaux du Gange, fleuve considéré comme sacré.*

Avec la plupart des religions archaïques, l'hindouisme affirme, primo, que tout ce qui existe possède une âme.

De plus, comme pratiquement toutes les autres religions, l'hindouisme soutient également, secundo, que l'âme est de nature spirituelle et survit à la mort physique apparente.

Jusqu'ici, rien de bien original ni de bien compliqué. Là où les choses deviennent plus intéressantes, c'est quand l'hindouisme ajoute, tertio, que chaque âme peut renaître et mourir successivement un grand nombre de fois.

C'est ce que l'on appelle la doctrine de la réincarnation ou de la transmigration des âmes : cycle des renaissances successives, passage de l'âme d'un corps à un autre après chaque mort. Dans les vieux livres, on baptisait cela la métempsycose* : « Doctrine selon laquelle une même âme peut animer successivement plusieurs corps » (*Petit Robert 1*).

On serait tenté d'écrire ce mot avec un h comme dans psychose ou psychologie, mais il semble que cela soit encore considéré comme une faute, bien que le *Robert des synonymes* lui-même donne bel et bien « métempsychose » !

Deux petites remarques à ce sujet : a) vous avez noté au passage que le dictionnaire utilise la formule DSL, naturellement ; b) contrairement à ce que je viens de faire, il est toujours recommandable de chercher plusieurs définitions dans plusieurs dictionnaires, de les comparer et de les combiner au besoin.

Mais revenons à nos moutons. Sur le fond, où est le problème et d'où viendrait le contresens annoncé ?

Nous y arrivons. Il se trouve que la réincarnation est une idée assez courante aujourd'hui, non seulement en Inde mais aussi en Occident et ici même au Canada. Les disciples de Krishna et autres sectes d'inspiration hindouisante, le mouvement dit du nouvel âge, les bavardages de Jacques Languirand, les prétendus récits de « vies antérieures » supposément retrouvées sous hypnose, et semblables balivernes à la mode depuis les années soixante-dix, ont en effet réussi à faire entrer dans l'esprit de beaucoup de jeunes (et même de leurs parents) une croyance plus ou moins solide en une certaine forme de réincarnation, qui passe tantôt pour une vérité établie, sans laquelle la vie n'aurait aucun sens, tantôt pour une simple hypothèse intéressante.

Seulement voilà : la réincarnation telle que comprise par le Québécois moyen est, sans qu'il le sache, une réincarnation *à la sauce chrétienne*. En effet, dans la tradition chrétienne, l'être humain est conçu comme personne morale investie d'une dignité spirituelle unique, et la vie individuelle y est donc considérée comme un bien moral supérieurement précieux.

Par conséquent, l'immortalité personnelle apparaît aux chrétiens comme une chose éminemment souhaitable, qui permet à chacun de poursuivre en tant que sujet sa destinée irremplaçable. De ce point de vue, la réincarnation est généralement envisagée en Occident un peu comme ces films à suites de Hollywood qui reviennent et se prolongent (*Retour vers le futur I*, *Retour vers le futur II*, *Retour vers le futur III* ; *Terminator I, II,* etc.), permettant aux héros de continuer leurs passionnantes ou romantiques aventures individuelles.

Au mieux, dans l'interprétation la plus modérée, on dira que l'individu doit mettre à profit ce cycle de vies successives pour « s'améliorer », pour « accomplir sa destinée » ou pour « remplir sa mission ». (« Destinée » et « mission » me laissent rêveur. Après tout, pourquoi pas ? Comme disait ma grand-mère, chacun n'est-il pas libre de croire ce qu'il veut...)

Le problème, c'est que *dans l'hindouisme* la réincarnation est, *au contraire*, une sorte de punition et de malédiction ! En effet, l'individualité est considérée par la pensée hindoue comme une chose négative, une séparation tragique d'avec le Principe fondamental et universel, l'Absolu divin et spirituel (le *brahman*).

Pour l'hindouisme, l'existence individuelle est à la fois une illusion et une chute dans le monde matériel jugé inférieur : au fond, on pourrait presque dire que l'identité personnelle n'est que l'une des facettes du Mal. De son côté, la vie physique est comprise davantage comme une trompeuse apparence sans substance, une souffrance et une épreuve, que comme un bien précieux et désirable.

Le but du chrétien, c'est de survivre éternellement en tant que personne individuelle pour prolonger ses palpitantes activités. Le but de l'hindou, c'est au contraire de s'anéantir en tant que personne particulière, de cesser de se réincarner, de sortir du cycle infernal de la transmigration des âmes (*samsâra*) et ainsi d'être enfin délivré des limites de la vie individuelle.

Le salut pour l'hindou se nomme *moksha* : l'émancipation, la délivrance. Délivrance de quoi ? Mais voyons, délivrance des réincarnations, délivrance de l'individualité, délivrance de cette vie et de ce monde ! Le but religieux de l'hindou, c'est de réussir à s'abolir lui-même en tant que réalité singulière pour se confondre avec la divinité, fusionner avec elle, disparaître en elle comme une goutte d'eau qui retombe dans la mer.

Pour l'hindou, chaque âme possède son *karma*, c'est-à-dire une sorte de dossier judiciaire de toutes ses actions passées, bonnes ou mauvaises. Ce dossier suit l'âme d'une vie à l'autre. Il en représente le bilan moral et spirituel qui, fixant son degré de pureté, détermine son parcours dans le cycle des épreuves que constituent les réincarnations. Tant que l'âme n'aura pas effacé tout ce qu'il y a en elle d'impur — à commencer par le désir même de vivre en tant qu'individu —, elle sera condamnée à renaître, à souffrir encore dans cet univers d'illusions (*maya*) et à se languir d'être séparée du divin.

Comparée à cela, la conception cégépienne et occidentale de la réincarnation n'est qu'une pauvre mièvrerie digne d'un roman Harlequin, où la petite personne égoïste se réjouit de pouvoir continuer ses excitantes histoires dans toute une succession de nouvelles vies, alors que la conception hindoue a quelque chose de profondément tragique et de désintéressé*.

Désintéressé : détaché de tout intérêt personnel égoïste ; généreux, bénévole, gratuit. Désintéressement : altruisme, générosité. (Ne pas confondre avec désintérêt : indifférence, désaffection)

Que ce soit par le rituel, par l'ascèse, par la connaissance ou par la dévotion, l'hindou doit avant tout chercher à surmonter toute forme d'individualisme, abandonner tout désir ou passion égocentrique, prendre conscience de son unité métaphysique avec la divinité. L'un

Métaphysique (nom féminin) : partie centrale de la philosophie ; réflexion systématique sur les fondements de la réalité, sur l'être absolu, sur les causes premières de l'univers, sur la nature ultime des choses et les principes de la connaissance. Métaphysique (adjectif) : qui concerne la réalité dernière ; qui porte sur de tels sujets. (Ces termes évoquent parfois, de manière péjorative, l'obscurité ou l'incertitude de la pensée.)

des principaux préceptes de l'hindouisme est *« tat tvam asi »* (tu es cela). Ce qui veut dire : ton misérable petit moi n'a pas d'existence propre et indépendante, il n'est qu'une simple parcelle de l'Absolu. L'être humain doit donc, en théorie, renoncer à tout ce qui tend à le rattacher à l'illusion de l'individualité personnelle : détachement, renoncement, dépouillement, sacrifice.

Vous voyez qu'il ne suffit pas de parler de réincarnation. Il faut tenter de saisir ce que cela signifie pour la doctrine étudiée.

Dans une certaine mesure, l'histoire des idées n'a de sens et de valeur que si l'on s'efforce, au moins en un premier temps, de comprendre les opinions des époques antérieures ou des courants de pensée différents du nôtre, de reconstituer leur cadre et leur portée *du point de vue de ceux qui les ont inventées et qui y ont adhéré.* Une idée isolée de son cadre culturel et de son intention première risque de n'être qu'une demi-idée très appauvrie ou déformée. Il est indispensable de la replacer dans son contexte.

Un contresens grave comme celui que nous venons de rencontrer est à cet égard une excellente leçon. Comme plus tôt avec les -ismes, toujours se méfier quand on a l'impression de comprendre spontanément une idée : il se pourrait que nous ayons à son sujet des préjugés naïfs qui nous aveuglent sur le sens premier ou véritable de la thèse en question.

Cela dit, n'allez pas croire que je recommande l'admiration béate devant toutes les idées anciennes. Comprendre est une chose, accepter en est une autre. Ainsi, la théorie de la réincarnation m'apparaît personnellement comme un manœuvre grossière et repoussante pour justifier le système de ségrégation des classes sociales connu en Inde sous le nom de régime des castes.

Chaque Indien est censé appartenir de par sa naissance à un groupe social fermé, dont il ne peut sortir. L'hindouisme lui dit : si tu es né misérable, ou femme, ou esclave, ou infirme, c'est parce que, dans tes vies antérieures, tu as dû mal agir. Résigne-toi donc à ton destin et cherche le salut par l'obéissance aux règles de la religion (*dharma*). Dans une vie future, si tu es bien sage, tu renaîtras peut-être sous la forme d'un prince ou d'un demi-dieu. De toute façon, ça ne vaut pas la peine de t'inquiéter, puisque cette vie terrestre et matérielle n'est qu'une simple illusion ! Laisse donc tranquillement les riches et les puissants t'exploiter et s'en mettre plein les poches. (Comparez avec la critique de la religion chez Marx. Voir chapitre 9.)

Jolie doctrine en vérité, intellectuellement invraisemblable, affectivement naïve et moralement répugnante.

Mais voilà : critiquer suppose comprendre.

Et n'allez pas croire non plus que j'en aie personnellement contre l'hindouisme en particulier. Une analyse comparable pourrait s'appliquer au christianisme, à l'islam ou au chamanisme.

Islam : religion appartenant à la même famille que le judaïsme et le christianisme (religions dites « abrahamiques »), fondée sur un livre sacré intitulé le Coran *(Qur'ân), réputé contenir les révélations qu'aurait reçues de Dieu (en arabe, Allah) le prophète Mahomet (Mouhammad) au septième siècle. Encore appelée musulmane, cette religion strictement monothéiste (un seul Dieu) regroupe actuellement des centaines de millions de fidèles, spécialement au Moyen-Orient, en Afrique, dans le sous-continent indien et en Asie orientale. Parmi les caractéristiques de l'islam, on retient entre autres l'obligation des cinq prières quotidiennes, le mois de jeûne diurne du Ramadan, le pèlerinage rituel à La Mecque en Arabie, ainsi que l'autorisation, sous certaines conditions, de la polygamie (mariage d'un homme avec plusieurs femmes). Les lieux de prière de l'islam se nomment des mosquées, où les fidèles se prosternent en direction de La Mecque.*

Chamanisme : originellement, religion de certaines peuplades de Sibérie et de Mongolie, caractérisée par le culte de la nature, la croyance aux esprits, des pratiques divinatoires et thérapeutiques comme la transe et l'extase, ainsi que par la présence de prêtres-sorciers-guérisseurs-devins appelés chamanes. Les ethnologues ont étendu l'application de ce terme à toutes les formations religieuses comparables rencontrées ailleurs dans le monde.

8

La philosophie antique

Il paraît que toute tribu possède un mythe fondateur, c'est-à-dire un récit légendaire qui lui raconte l'histoire idéalisée de ses origines et qui lui sert à justifier son existence. La tribu intellectuelle occidentalo-européenne (dont font partie les gens cultivés et les professeurs) n'échappe pas à cette règle. Le mythe en question s'appelle : Socrate et Platon.

Au cinquième siècle avant notre ère, Athènes était une petite ville, vouée principalement au commerce (maritime tout spécialement) et à l'artisanat (tissus, vases), et qui comptait quelques dizaines de milliers d'habitants. Parmi eux se trouvait un certain Socrate, à ce qu'on dit assez laid, plutôt gros, relativement pauvre et surtout très fatigant. Son loisir favori consistait à discutailler avec ses concitoyens à propos de tout et de rien, multipliant les objections vicieuses, les questions pièges et le coupage de cheveux en quatre.

Comme beaucoup d'autres figures légendaires (dont Jésus), Socrate a eu quelques disciples très zélés qui ont prétendu répandre les idées du maître en fondant des écoles et en publiant des livres. Mais Socrate lui-même n'a absolument rien écrit (Jésus non plus). Il a fini par être condamné à mort par ses concitoyens athéniens et exécuté (Jésus aussi), devenant ainsi un martyr (les mauvaises langues vont jusqu'à penser qu'il l'a peut-être fait un peu exprès).

> *En Grèce, au sixième siècle avant Jésus-Christ, le législateur Solon divise l'année en douze mois, Pythagore découvre la relation qui porte son nom ($a^2=b^2+c^2$), la monnaie de métal fait son apparition en Lydie ; au cinquième siècle, souvent appelé siècle de Périclès, Démocrite soutient la première théorie atomiste et le grand médecin Hippocrate instaure l'observation clinique des maladies.*
>
> *Vers la même époque, appelée parfois « Age axial » ou « Siècle d'or » de l'humanité, ont vécu, en Chine, Confucius, et, en Inde, le Bouddha.*
>
> *Confucius (environ de 555 à 479 avant Jésus-Christ) : sage chinois dont les enseignements sont centrés sur l'établissement d'un ordre moral et social, à la fois harmonieux et universel, grâce au respect des devoirs mutuels, à la bienséance vertueuse, à la droiture et à la piété filiale, à la sélection des élites par la connaissance et le mérite (et non par la naissance). Il a marqué très profondément toute la culture et la mentalité chinoises jusqu'à notre époque.*
>
> *Bouddha (environ de 530 à 460 avant Jésus-Christ) : maître spirituel indien qui, après une expérience mystique, enseigna que toute vie est souffrance, que ce monde est illusoire, que seule la méditation conduit à la sagesse et que le salut (nirvâna) ne peut venir que du renoncement, de l'extinction de tout désir, de l'anéantissement de la personnalité et de l'oubli de soi, ainsi que de la compassion universelle. Bouddha veut dire « l'Illuminé » ou « l'Éveillé ». Fondateur du bouddhisme, religion sans Dieu qui compte actuellement des dizaines de millions d'adeptes en Asie du Sud-Est (mais très peu en Inde).*

Bref, on sait très peu de choses au sujet de Socrate. On lui attribue bien quelques pensées tout à la fois énigmatiques et profondes, comme : « Tout ce que je sais, c'est que je ne sais rien », « Connais-toi toi-même », « Nul n'est méchant volontairement » et « Une vie sans examen (ou : non réfléchie) ne vaut pas la peine d'être vécue ».

Mais c'est son disciple Platon (mort en 347 avant notre ère) qui a en quelque sorte fabriqué de toutes pièces le grand Socrate du mythe fondateur. Ce fameux Platon a en effet écrit de grands textes en forme de conversations, les célèbres « dialogues », que vous allez probablement être obligés de lire un jour ou l'autre sans trop y comprendre grand-chose. Dans ces livres, le personnage central s'appelle presque toujours Socrate. C'est lui qui mène le jeu, qui questionne, qui cherche la définition juste d'une idée abstraite (Qu'est-ce que la justice ? Qu'est-ce que la beauté ? etc.).

Lors de cette mise en scène du génial Socrate, Platon invente-t-il ? Rapporte-t-il fidèlement les propos de son maître ? Bien malin qui pourrait le dire. Chose certaine, à eux deux, Socrate et Platon ont fondé la tradition philosophique occidentale (tout comme le duo Jésus-Christ et saint Paul ont fondé le christianisme).

D'après moi, l'héritage central de Socrate et Platon se nomme *le problème de la connaissance* : Qu'appelle-t-on connaître ? Comment connaissons-nous ? Que pouvons-nous vraiment savoir ? Comment distinguer le vrai du faux ? Où se trouve la vérité ?

Aujourd'hui encore, ces questions platoniciennes demeurent le terrain favori des philosophes de tout poil, dont la stratégie privilégiée consiste à prétendre que tout le monde se trompe sauf eux, les sages et les esprits critiques, seuls spécialistes de la connaissance véritable. Platon est le père, le prototype de cette attitude qu'il faut absolument comprendre — ne serait-ce que pour mieux pouvoir lui échapper.

Dans cette démarche fondatrice de la philosophie, la première étape consiste donc à *discréditer la connaissance commune*, et à la discréditer non pas dans tel ou tel cas d'abus ou d'erreur, mais en son principe même. Le philosophe « critique » raisonne de la façon suivante : dans son exercice quotidien et ordinaire, l'esprit humain n'est-il pas plongé dans un flot continu de perceptions changeantes et diverses, multiples, dispersées et imparfaites, souvent douteuses ou contradictoires...

Des exemples ? De loin, la tour semble ronde, de près elle est carrée. Dans nos rêves, les événements nous paraissent parfois plus réels que ceux de la vie courante. Le Soleil et la Lune semblent tous les deux tourner autour de la Terre. La vue nous montre brisé le bâton plongé dans l'eau, que pourtant le toucher nous fait sentir droit. Et ainsi de suite.

Or, le vrai ne devrait-il pas être, de par sa définition même, quelque chose de solide, d'indubitable, de pur, de permanent, de clair et de cohérent ? Sinon, ce n'est pas le vrai !

Par conséquent, on doit conclure que la connaissance sensible n'est pas la connaissance vraie, puisqu'elle ne nous livre que des apparences plus ou moins trompeuses et relatives. CQFD.

Le sage doit donc se détourner des phénomènes sensibles pour rechercher une réalité supérieure, une réalité qui soit véritablement essentielle.

De quoi pourrait-il bien s'agir ? Du point de vue platonicien, les mathématiques, en particulier la géométrie, sont là pour nous mettre sur la voie. Nous avons la possibilité de tracer un cercle, une ligne, un triangle rectangle ou un point, que ce soit au tableau ou dans le sable. Mais nous savons bien qu'ils ne seront jamais que les images, imparfaites et approximatives, d'idées géométriques pures sur lesquelles notre esprit raisonne : le cercle idéal, la ligne sans épaisseur, le point sans dimension, le triangle rectangle parfait. Ce n'est pas pour rien que Platon aurait fait graver sur la porte de son école, l'Académie : « Que nul n'entre ici s'il n'est géomètre ! »

Raisonnons par analogie : de même que le cercle tracé au tableau n'est qu'une réalisation imparfaite du cercle idéal, de même le monde des apparences sensibles pourrait-il n'être qu'un pâle reflet d'un univers d'entités pures et essentielles, qu'on appellera selon le cas Idées, Formes, Essences ou Choses en soi (souvent avec des majuscules, pour bien en indiquer la supposée dignité supérieure).

C'est là le noyau générateur d'une école de pensée absolument considérable, que l'on appelle l'idéalisme : doctrine selon laquelle la réalité vraie serait faite d'idées pures, dont le monde matériel ne serait, au mieux, qu'un dérivé inférieur, une mauvaise copie. Paradoxalement, on peut aussi appeler cette position le réalisme des idées : doctrine selon laquelle les idées ont une existence réelle, plus réelle même que celle des choses sensibles.

> *L'idéalisme au sens courant désignerait plutôt l'attitude de quelqu'un qui croit avec passion à de grands et nobles idéaux (l'Amour, la Justice, etc.). On dira ainsi du bénévole qui part en Afrique soulager les lépreux : « C'est un jeune idéaliste ! » Ne pas confondre ces deux sens du même -isme.*

Dans son dialogue *La république*, Platon utilise pour illustrer cette façon de voir une comparaison devenue célèbre, connue sous le nom de mythe de la Caverne, et que je vais essayer de vous raconter de façon un peu plus moderne sous la forme d'une petite histoire de cinéma Imax.

Imaginez un enfant qui dès sa naissance aurait été (peu importe pourquoi ni comment) strictement confiné dans une salle d'Imax à projection ininterrompue, sans pouvoir jamais détourner les yeux de l'écran, ni bouger, ni toucher les objets environnants. (En outre, supposons réglés par magie tous ses problèmes de nourriture, de santé — et même d'éducation : on peut penser à un cinéma Imax en direct, où ses parents viennent lui parler par l'intermédiaire de la caméra, etc.)

Arrivé à l'âge de raison, ne croyez-vous pas qu'il serait nécessairement convaincu que les images qui se déroulent devant ses yeux *sont* la réalité ? Par hypothèse, Imax représenterait tout son univers, et donc *pour lui* l'unique et véritable monde. Bien entendu, *nous*, nous saurions qu'il ne « connaît » jamais que des images privées de consistance, simples projections sans substance tangible, qui ne sont que de pâles reflets de la réalité.

Eh bien, Platon soutient qu'il en est de même de l'homme ordinaire qui fait naïvement confiance à la connaissance sensible. Il perçoit des images (des arbres, des animaux, des cafétérias de cégep, des professeurs de science politique, des jolies filles ou des beaux garçons, etc.), mais ces images-là ne sont, en réalité et en fin de compte, que des réalisations imparfaites de certaines idées pures (l'Arbre en soi, le Chien quintessentiel, le Lieu parfait, le Maître idéal, la Beauté absolue, etc.).

On ne peut avoir, des choses du monde apparent, qu'une connaissance incertaine et changeante (en grec, *doxa* : opinion). En fait, tout comme les images sur l'écran d'Imax n'ont d'autre substance que celle qu'elles empruntent aux choses filmées, de même, selon l'idéalisme, les choses naturelles n'existent qu'indirectement, dans la mesure où elles « participent » aux Idées. La connaissance véritable (*épistèmè*), c'est seulement sur les Idées qu'elle peut porter. Pour un platonicien, ces dernières (les idées en soi) existent bel et bien, elles existent même bien mieux que toutes les apparences matérielles. *Le monde des Idées pures est la seule réalité vraie.* Savoir véritablement, ce serait donc connaître les Idées pures, et non pas les apparences sensibles.

Si nous le voulions, nous qui connaissons les objets réels dont Imax n'est jamais que le reflet, nous pourrions sortir (très précautionneusement et progressivement) notre jeune sujet de sa salle de projection et lui faire découvrir la vraie réalité. De la même façon, le sage philosophe platonicien se voit comme l'éducateur et le guide de l'humanité, qu'il se propose de conduire du monde trompeur des apparences sensibles jusqu'au royaume béni des Idées pures.

D'une certaine manière, le sens ultime de toute cette doctrine se révèle ici pour ce qu'il est : politique. En effet, aux yeux de Platon, la démocratie c'est le règne de l'opinion commune, douteuse, incertaine et contradictoire, qui ne peut conduire les hommes qu'au malheur et aboutir à des erreurs tragiques, comme la condamnation à mort de Socrate. L'idéalisme, au contraire, postule un discours vrai sur une réalité pure : ceux qui atteignent cette vérité méritent seuls de conduire les hommes sur la voie du Bien. Le philosophe devrait donc être le meilleur roi possible.

Parce qu'il se pose en spécialiste des Idées, Platon se voit aussi en chef et guide de l'humanité. Le philosophe-roi prétend à la fois au titre de haut fonctionnaire suprême, et de la Vérité, et de l'État. Rien de moins !

Quoi* qu'il en soit, avec ou sans sa dimension politique, ce type de raisonnement est devenu caractéristique de presque toute entreprise philosophique. Je l'appelle le paradigme* platonicien.

« Quoi que », en deux mots, et non « quoique ».

Au travers de ses diverses nuances ou transformations, on le retrouve chez Descartes et les rationalistes au dix-huitième siècle, chez Hegel au dix-neuvième siècle, chez Husserl et les phénoménologues au vingtième siècle. Il conduit tout droit à une doctrine métaphysique qu'on appelle le spiritualisme et qui consiste à dire que l'être humain (et la réalité en général) se compose fondamentalement de deux principes complémentaires, la matière et l'esprit, ce dernier étant par nature infiniment supérieur à la matière.

Paradigme : modèle, prototype.

> *Ne pas confondre le spiritualisme ainsi défini avec le spiritisme — prétendue science occulte d'après laquelle on pourrait évoquer les esprits des morts au moyen de tables tournantes ou grâce à de soi-disant médiums, etc. Le spiritisme, c'est en quelque sorte la version sérieuse du jeu de société Ouija... Pour compliquer le tout, remarquons que le spiritisme suppose une forme préalable de spiritualisme philosophique, puisque avant de prétendre communiquer avec les esprits, il faut d'abord croire aux âmes et à leur survie après la mort. Tout spirite est spiritualiste, mais tout spiritualiste n'est pas nécessairement spirite.*

Pour en revenir à Platon, chez lui il s'agit plutôt d'un simple dualisme entre, d'un côté, le corps (lequel aurait par nature une parenté avec le sensible, l'éphémère et l'erreur), et de l'autre, l'âme (qui bien entendu se rattache aux Idées, au Bien et à Dieu). Mais le principe est le même. Le corps est la prison de l'âme, tombée dans la matière et exilée de ce royaume idéal (le monde des Idées) qui est sa vraie patrie.

Remarquez bien ceci. Lorsqu'on aborde ces problèmes, comme je l'ai fait, par le biais de la question de la connaissance (ce qu'on appelle en langage spécialisé l'aspect épistémologique*), le lecteur moyen trouve en général que Platon exagère. Le prétendu monde des Idées n'est pas très populaire, son existence paraît douteuse et mal définie, alors que la connaissance sensible et le monde matériel sur lequel elle porte semblent en dernière analyse beaucoup plus solides, même s'ils ont besoin d'être sans cesse l'objet d'une attention critique vigilante.

Épistémologie : étude du savoir humain et de ses conditions.

L'homme moderne accepte mal qu'on dévalorise en son principe même la connaissance courante, et qu'on cherche à faire passer l'univers quotidien pour une simple apparence, trompeuse et sans consistance.

D'autant plus que le soi-disant monde des Idées est, en fin de compte, moins substantiel que promis. Qu'y ont trouvé de si extraordinaire les philosophes ? Presque rien, sinon des abstractions faciles et creuses, auxquelles les majuscules ne suffisent pas toujours à conférer une teneur tangible : le Divin, l'Absolu, le Vrai, le Bien, le Juste, le Beau, le Parfait, etc. Bref, derrière cet écran de fumée de grands mots vagues et impressionnants, cet idéalisme présente un défaut majeur : il ne tient pas ses promesses. (Il a beau jeu, d'ailleurs, puisqu'en général il prend la précaution de reporter son absolu plus tard, ailleurs, etc.)

Et pourtant, si l'on présente les choses d'un autre point de vue (celui que les gens savants appellent ontologique* ou métaphysique, et qui correspond aux questions comme « De quoi le réel est-il fait ? » ou : « Quelle est la nature ultime des choses ? »), alors on s'aperçoit que la majorité des gens d'aujourd'hui, y compris les jeunes, sont encore spontanément portés vers une forme quelconque de dualisme spiritualiste. Pour la plupart des citoyens de cette fin du vingtième siècle, l'hypothèse la plus probable demeure celle selon laquelle le réel serait fait moitié de choses physiques (le monde matériel), moitié d'entités spirituelles (âmes, esprits et entité supérieure ou Dieu).

Ontologie : étude générale de l'être ou de l'existant ; des mots grecs « ôn, ontos » (l'être, ce qui est) et « logos » (discours sur, étude de).

Le platonisme épistémologique est donc relativement impopulaire (sauf auprès de nombreux professeurs de philosophie, dont le sport préféré demeure la critique de la connaissance commune). Quant au platonisme politique, avec son élitisme du philosophe-sage-savant, à la fois spécialiste des Idées vraies et dirigeant de l'État, il est totalement discrédité et apparaît comme presque risible. Il ne peut plus guère attirer que quelques vieux notables réactionnaires*.

« Réactionnaire » ne veut pas dire révolté ni révolutionnaire, mais au contraire ultra-conservateur, rétrograde, traditionaliste (un « n »), passéiste.

Par contre, et c'est sans doute la chose frappante qui mérite réflexion, le platonisme ontologique est encore profondément ancré dans nos manières de penser. À quoi donc pouvons-nous nous fier ? Ce platonisme éternel répond : pas seulement à cet univers apparent et désordonné que nous offrent l'expérience et la sensation, pas seulement à ce corps fragile et à cette vie éphémère, mais à un ailleurs, à un monde plus pur, un ordre plus parfait, celui des esprits, du divin, des Idées pures et des Valeurs absolues (ce que le christianisme résumera par : l'âme et Dieu).

Cela dit, et malgré les apparences, Platon était incontestablement un génie, ne serait-ce qu'un génie littéraire. Certains de ses dialogues, comme le *Phèdre*, sont à coup sûr des chefs-d'œuvre, même si leurs versions françaises sont parfois si vieillottes et si lourdes que cela risque de vous masquer leur beauté. D'ailleurs un Canadien français, Luc Brisson, travaille depuis quelques années avec un groupe de jeunes hellénistes francophones pour nous donner de ces grands textes de nouvelles traductions, moins poussiéreuses que les anciennes (cf. *Phèdre*, trad. Luc Brisson, Paris, Garnier-Flammarion).

Quant à Socrate, il me paraît difficile de nier que son art de la discussion ironique et logique, sa recherche passionnée de la vérité, son esprit de contradiction, sa méfiance et son doute devant les réponses toutes faites, son goût pour les idées générales et abstraites, son sens aigu de la définition des concepts, constituent autant d'héritages indispensables et constitutifs pour la raison moderne. Socrate est resté un modèle pour tous ceux qui ne renoncent pas à penser par eux-mêmes, qui se veulent à la fois libres et raisonnables, qui croient que toute question mérite et exige d'être passée au crible de la parole critique. Socrate, si insupportable et si conservateur qu'il ait pu être, est désormais et à jamais, du moins dans la culture occidentale, le modèle du libre penseur.

Voilà pour nos amis Socrate et Platon. C'est peu de choses, mais c'est mieux que rien. J'espère que j'ai réussi à vous faire lire sans trop d'effroi des expressions indigestes comme « platonisme épistémologique », et aussi que vous avez compris que ce vieux Platon pensait au moins la même chose que la plupart d'entre vous sur l'âme et la matière.

C'est à ça que sert (entre autres) l'histoire des idées : découvrir dans le passé la source et la forme originelle* de structures mentales ou spirituelles profondes, d'idéologies ou de visions du monde qui nous ont influencés de façon durable à travers les siècles.

Ainsi le catholicisme est-il devenu indissociable d'une telle dualité entre l'âme et le corps — alors qu'on peut supposer que Jésus lui-même, qui parlait plutôt de la Chair, n'en avait pas la moindre notion (d'où peut-être l'embarras que suscite encore le curieux dogme chrétien de la résurrection des corps).

Pour terminer ce bref passage par l'antiquité, et même si je ne vous parle pas d'eux, vous devez savoir quand même qu'Aristote et Épicure ont été de grands penseurs de cette période et non pas des coiffeurs grecs de l'avenue du Parc à Montréal. Vous pourriez également retenir au moins le nom de quelques

« Originel » et non pas « original ». Originel veut dire : aussi proche que possible de la forme première, primitive ou native. Original évoque plutôt la nouveauté, ce qui personnel, étonnant, excentrique. Le péché *originel*, c'est le plus vieux péché, le premier et le modèle de tous les autres. Un péché *original*, ce serait un péché tout nouveau, que personne d'autre n'aurait commis avant !

grands courants de pensées antiques ; un jour peut-être, tout cela voudra dire quelque chose pour vous : les présocratiques, les sophistes, les sceptiques, les stoïciens et les cyniques (nom qui ne désigne donc pas seulement un groupe de comiques québécois des années soixante).

> *Sceptique : personne incrédule, qui doute, qui croit que la vérité est impossible à atteindre. (Ne pas confondre avec septique : qui a rapport avec les germes ou l'infection, comme dans fosse septique.)*

> *Cynique : disciple des philosophes grecs anciens Antisthène et Diogène, qui professaient le retour à la simplicité et au naturel, ainsi que le mépris des conventions sociales et de l'opinion commune.*

En passant, sachez aussi que le grand spécialiste de ces derniers dans le monde francophone n'est autre qu'un Canadien français, Léonce Paquet, de l'université d'Ottawa (voir son livre remarquable, *Les cyniques grecs. Fragments et témoignages*, Paris, Le Livre de Poche).

9

La pensée moderne

> *« L'œuvre moderne ne sera accomplie que quand la croyance au surnaturel, sous quelque forme que ce soit, sera détruite. »*
> ERNEST RENAN*

Renan (1823-1892), écrivain, philologue et penseur français, auteur notamment de *L'avenir de la science* (1848) et d'une *Vie de Jésus* (1863) qui fit scandale en son temps.

Sautons allégrement par-dessus le moyen âge* — expression qui désigne la période allant de la fin de l'antiquité au début de l'Europe moderne, c'est-à-dire du cinquième siècle au quinzième siècle environ, et non pas l'étape de leur vie où nos parents commencent à parler sans cesse de leur retraite.

L'époque suivante, que nous allons aborder à présent, foisonne de grands noms dont malheureusement nous ne parlerons pas ici, puisqu'il faut bien choisir. Sachez donc d'avance que si votre curiosité, un programme, ou un professeur, vous font une obligation de travailler sur Montaigne, Bacon, Hobbes,

Moyen âge : c'est l'époque des croisades en Terre sainte, des châteaux forts avec pont-levis, des paysans ou des serfs travaillant pour leur seigneur (corvée), des corporations d'artisans ou de marchands, et des chevaliers aux lourdes armures. Invention de la poulie et du moulin à vent. Les vitres sont encore un luxe exceptionnel ; on s'éclaire aux chandelles et aux lampes à huile ; on mange avec les mains, les mets liquides à même une écuelle, les nourritures solides étendues sur de grandes tranches de pain. En Inde, les mathématiciens inventent le zéro et les chiffres dits « arabes ». Les Chinois impriment les premiers livres avec des caractères en bois. Des marins vikings accostent en Amérique à diverses reprises.

Un bon dictionnaire des noms propres, comme le *Petit Robert 2*, ou encore un dictionnaire de philosophie, devrait pouvoir vous éclairer un peu, si vous le souhaitez, sur la plupart de ces figures plus ou moins connues de l'histoire de la culture occidentale.

Pascal, Spinoza, Leibniz, Locke, Berkeley, Voltaire, Hume, Rousseau, Fichte, Schelling, Hegel, Mill, Schopenhauer, Nietzsche, Comte, Kierkegaard, Peirce ou Frege*, vous vous êtes procuré ce livre en partie pour des prunes.

En partie seulement, car au moins vous savez maintenant où trouver, sur de tels penseurs, un minimum d'information utile : voir le chapitre 6 ci-dessus.

À mon humble avis, tous ces auteurs sont beaucoup trop difficiles, secondaires, spécialisés, obscurs ou dépassés, selon le cas, pour qu'on les étudie soit au cégep, soit dans une toute première approche de l'histoire des idées. (Cela n'empêche pas de tels noms de figurer dans un avant-projet de programme des cours obligatoires et communs de philosophie que j'ai sous les yeux.) J'ai préféré me fier à mes convictions pédagogiques et autres. Je ne les ai pas retenus. Je m'en excuse mais, en tout état de cause, je ne pouvais pas tout faire dans le cadre limité que je m'étais fixé. Parler de tout le monde était impossible.

Nous allons par contre nous attarder à sept figures, d'après moi assez représentatives, en essayant à chaque fois de tirer une petite leçon utile de notre halte. La liste des penseurs en question présente, bien sûr, quelque chose de formidablement restrictif et arbitraire. Mais comment en serait-il autrement dans une initiation rudimentaire ?

Cela dit, avant de développer un peu ces quelques exemples, je crois souhaitable de vous dire que, selon moi, toute la pensée moderne se traduit par une sorte de dérive d'ensemble qui nous fait glisser d'un pôle ancien à un pôle nouveau. Afin de vous fournir une petite grille provisoire de lecture et d'interprétation de ce courant dominant, je présente sous forme de tableau quelques termes clés qui devraient vous aider un peu à vous représenter les deux pôles en question, la flèche indiquant les correspondances et, surtout, le sens de l'évolution.

Il est bien évident qu'un tel tableau est tout à fait grossier et n'a qu'une valeur indicative : il ne saurait s'appliquer qu'à une sorte de mouvement global, s'étendant sur plusieurs siècles. Aucun auteur ni aucune période n'y correspondent exactement.

De plus, vous devez savoir qu'on peut trouver, aujourd'hui même, des penseurs tout à fait respectés qui défendent les valeurs de la première colonne et s'en prennent avec virulence à celles de la seconde — soutenant même que tout ce qui se trouve dans cette deuxième colonne constituerait une irréparable

Pragmatisme : attitude qui consiste à prendre la réussite pratique ou expérimentale comme critère ou indice de la vérité.

Finalité : explication d'une chose par les buts, les fonctions ou les fins auxquels elle est adaptée.

Anthropocentrisme : attitude qui envisage tout du point de vue humain, qui fait de l'humanité la mesure de toute chose (du grec « anthropos », homme).

Pensée ancienne	→	Pensée moderne
autorité	→	libertés
contemplation	→	action
religion	→	sciences
tradition	→	progrès/nouveauté
communauté	→	individu
être	→	devenir
théisme	→	humanisme
absolu	→	relatif
idéalisme	→	naturalisme
révélation	→	expérience
élitisme	→	démocratie
pensée magique	→	activité technique
hiérarchies fixes	→	mobilité universelle
certitudes	→	doute
éternité	→	temps
unité	→	diversité
dogmatisme	→	pragmatisme*
esprit	→	matière
finalité*	→	hasard
ordre fixe	→	changement évolutif
a priori	→	a posteriori
sens	→	absurdité/contingence
devoirs	→	droits
coutume	→	créativité
anthropocentrisme*	→	relativisme
libre arbitre moral	→	déterminismes

décadence et une perte du sens des vraies valeurs.

En effet, de nombreux philosophes conservateurs, traditionalistes ou réactionnaires ont ainsi soutenu que presque toute la pensée moderne constituait un déclin catastrophique. C'est le cas par exemple de Gobineau (*Essai sur l'inégalité des races humaines*, 1853), Nietzsche

(*Humain, trop humain*, 1878 ; *La généalogie de la morale*, 1887), Oswald Spengler (*Le déclin de l'Occident*, 1918), Husserl (*La crise des sciences européennes*, 1936) ou Heidegger (*La question de la technique*, 1949 ; *Lettre sur l'humanisme*, 1957).

Bien entendu, toutes leurs critiques antimodernes supposent elles-mêmes qu'il existe bel et bien une forme de polarité plus ou moins analogue à celle que j'ai tenté d'esquisser plus haut. D'ailleurs, mon tableau ne signifie pas, en lui-même, que la colonne de droite serait intrinsèquement supérieure à celle de gauche. Il veut seulement indiquer que, dans l'ensemble, la pensée moderne a eu tendance à mettre en valeur de plus en plus les termes de la deuxième colonne et à s'éloigner progressivement de ceux de la première. Que tout ceci soit bon ou mauvais, c'est une autre affaire, dont chacun de vous reste juge pour son propre compte.

Un autre point mérite d'être signalé. Il ne faut jamais perdre de vue que cette tendance dominante (telle qu'indiquée par le tableau ci-dessus) concerne principalement les élites intellectuelles : de leur côté, les peuples ont plus ou moins bien suivi. Les masses ont parfois retenu certains de ces aspects idéologiques modernistes qui les séduisaient (les libertés, l'individualisme, etc.). Mais elles ont aussi tenté de garder certaines des valeurs du passé, auxquelles elles trouvaient un intérêt quelconque : pensée magique (médecines parallèles, astrologie, voyance), religion (cérémonies traditionnelles : baptême, mariage, funérailles), etc.

Politiquement, on ne devrait pas oublier non plus le retour périodique de valeurs communautaires très peu « modernes » comme dans les divers mouvements nationalistes (pensez aux affrontements interethniques en ex-Yougoslavie et dans l'ancienne Union soviétique) ou encore les tentations de l'autoritarisme (Hitler n'a-t-il pas été démocratiquement élu ?). On peut dire que la modernité a reçu de la part des peuples un accueil bien plus ambigu qu'auprès des minorités culturelles dominantes.

Quoi qu'il en soit, je souhaiterais que vous gardiez le contenu de ces deux « pôles philosophiques » bien présent dans votre esprit en parcourant tout ce qui suit, car vous allez pouvoir constater que chacun des auteurs envisagés a contribué à sa façon, dans un champ ou l'autre, à accentuer ce glissement général. N'hésitez pas, à titre d'exercice, à revenir sur ce tableau après chaque auteur rencontré, et à chercher quels termes s'appliquent le mieux dans chacun des cas.

MACHIAVEL ET LE POUVOIR

Pour nous, l'œuvre de l'Italien Nicolas Machiavel a l'intérêt de poser sous un autre angle un problème important dont je vous ai déjà entretenus, celui du sens véritable ou profond d'un texte, c'est-à-dire en pratique le problème du danger pour vous et moi de commettre, encore une fois, un contresens (comme pour l'idée de réincarnation) : croire qu'on a saisi la signification d'un livre alors qu'on l'a peut-être interprété de travers.

Machiavel — prononcer « makiavelle » — a vécu de 1459 à 1527. C'est l'époque où Christophe Colomb, croyant avoir gagné les Indes, fait découvrir aux Européens le continent américain (1492). On appelle cette période animée la renaissance : avec elle, le moyen âge s'achève et un climat nouveau, celui de l'humanisme, s'installe en Europe, caractérisé par le sentiment que la vie se renouvelle, par la multiplication des inventions, par un individualisme croissant et une plus grande liberté de pensée. Gutenberg (prononcer : « gutambère ») a réinventé l'imprimerie vers 1450 (presse, caractères de plomb). Léonard de Vinci (1452-1519), le créateur de la célèbre Joconde, *est l'une des plus grandes figures de cette époque, à la fois peintre, sculpteur, architecte, poète, inventeur et savant. En 1519, la flotte de Magellan fait le tour du monde. En 1543, Copernic soutient que le Soleil est le centre autour duquel tourne la Terre.*

En apparence, son grand ouvrage classique, *Le prince* (1513), est pourtant tout à fait clair et simple à comprendre. La politique, nous dit Machiavel dans ce guide à l'usage du futur chef d'État ou de gouvernement, c'est d'abord et avant tout la conquête, l'exercice et la conservation du pouvoir, et ce par tous les moyens utiles ou efficaces.

Chez lui, pas de mysticisme des Idées pures, aucun culte des valeurs morales abstraites et des grands mots à majuscule. Avec Machiavel, nous plongeons au contraire dans le réel le plus rude et le plus cru. Une certaine

*Tout entière, et non : toute entière !

forme de réalisme moderne est là tout entière*, dans son opposition totale à l'idéalisme ancien : « Il y a si loin de la manière dont on vit à celle dont on devrait vivre, que celui qui tient pour réel et pour vrai ce qui, sans doute, devrait l'être mais qui malheureusement ne l'est pas, court à une ruine inévitable » (*Le prince*).

Bien sûr, on pourrait soutenir à bon droit que, comme Platon, Machiavel part des problèmes sociopolitiques de base : la souffrance, l'insécurité, le désordre, la pauvreté, la guerre civile, l'instabilité, le malheur collectif. Mais contrairement à celle des idéalistes de l'antiquité, son approche semble purement empirique (basée sur l'expérience) et pragmatique (jugée en fonction de sa réussite effective).

À quoi pouvons-nous nous fier ? À l'action, à son succès et à sa réussite dans ce bas monde, le monde souvent rude et cruel de la pratique et de l'expérience. Machiavel, c'est l'anti-Platon. Il ne propose que des solutions tout à fait pratico-pratiques. De façon objective et calme, sans hypocrisie, avec un réalisme plutôt cynique, loin des bons sentiments ou de la morale, Machiavel décortique donc les mécanismes de la prise et du maintien du pouvoir en termes d'efficacité.

La fin — au sens de but, objectif — justifiant les moyens, et la réussite supposant que tout soit pris en compte dans la conjoncture ou les circonstances (la « fortune »), le prince (nous dirions aujourd'hui le chef) ne devrait reculer ni devant la force ni devant la fraude. Quand il s'agit de fonder un État et de le conserver fort ou uni, le bon dirigeant c'est celui qui réussit.

Pour y parvenir, nous explique Machiavel, éliminer ses adversaires peut se révéler utile, et aussi garder pour soi les affaires brillantes ou les distributions de faveurs — mais il convient naturellement de déléguer les sales besognes à des adjoints (ne pas hésiter ensuite à se débarrasser* d'eux, pour se démarquer de leurs crimes et conserver le plus possible une image positive).

Notez les deux « r » et les deux « s ».

S'il arrive, dans des circonstances particulièrement favorables, qu'un chef puisse se permettre d'être généreux, magnanime et bon, sans diminuer son pouvoir, alors qu'il le soit. Mais s'il n'est pas bon, comme c'est le cas la majeure partie du temps, Machiavel recommande qu'il s'efforce du moins de le paraître auprès de la masse. Par contre, qu'il ne répugne pas à faire le mal lorsque la situation l'exige. Et s'il lui est nécessaire de massacrer ou de détruire, mieux vaut pour lui le faire rapidement et en un seul coup. En contrepartie, un chef avisé veillera à étaler ses largesses et ses bontés sur le temps le plus long possible, afin qu'au total l'apparence de sa bonté l'emporte sur le souvenir des horreurs auxquelles il a pu être associé.

En public, le chef devra apparaître bienfaisant, pieux, humain et juste — même s'il est en réalité mécréant, cruel et fourbe. Il cultivera donc soigneusement sa popularité et, autant que possible, il soutiendra devant le grand public des politiques plutôt constructives, amicales et paisibles — ce qui ne l'empêchera pas de se montrer belliqueux et guerrier en présence des militaires.

Le chef décrit par Machiavel sera, en somme, un grand hypocrite et un habile dissimulateur, puisque « les hommes sont si naïfs que le trompeur ne manquera jamais de dupes ». En outre, il n'hésitera jamais devant le recours à la propagande sous toutes ses formes pour asseoir son autorité et celle de l'État. Dans cette entreprise, la religion lui sera souvent une précieuse alliée, propre à assurer la cohésion organique du peuple et la soumission de tous à l'autorité de la société globale et des pouvoirs établis. Pourtant, si religieux qu'il puisse paraître extérieurement, un chef avisé et habile se méfiera des prétendues vertus chrétiennes telles que la charité et la douceur, puisque la grandeur d'un État se mesure, entre autres, à sa capacité d'exercer la force, de recourir à la violence et de se lancer dans la guerre si nécessaire.

Tout bon chef, enseigne Machiavel, devrait s'efforcer d'être à la fois aimé et craint — mais à choisir, il ne cache pas que mieux vaudrait pour lui inspirer surtout la peur, qui contribue à éloigner tout germe de révolte. Pour convaincre et séduire son peuple, le chef multipliera les promesses au besoin, sachant bien que la foule crédule les oubliera, ou qu'elle acceptera plus tard n'importe quelle explication du fait qu'elles n'aient pu être réalisées.

Pourquoi d'ailleurs être loyal envers des citoyens qui ne le sont guère eux-mêmes ?

En effet, Machiavel constate que l'être humain est naturellement égoïste, guidé par l'intérêt et les désirs insatiables. On ne gouverne donc pas les hommes comme s'ils étaient altruistes et honnêtes. Il est vrai que, dans d'autres textes, Machiavel se déclare convaincu que si les citoyens étaient vertueux et bons, un gouvernement démocratique ou libéral, reposant sur le consentement et la sagesse du peuple, serait préférable. Mais dans beaucoup de passages de son œuvre, il ne semble pas vraiment croire que telle soit, le plus souvent, la nature de l'homme moyen, bien au contraire.

Après cela, vous ne trouverez sans doute pas trop étrange que le qualificatif de « machiavélique » soit passé dans le langage courant pour désigner une conduite rusée, féroce, perfide, cynique et sans scrupules. Machiavel ne donne-t-il pas aux futurs chefs d'État des leçons de rouerie et de tyrannie ? Ne se fait-il pas le défenseur de tous leurs crimes et de tous leurs vices ?

Tel semble être le sens, transparent et manifeste, de sa pensée dans *Le prince*. Et pourtant un philosophe du dix-huitième siècle, Jean-Jacques Rousseau*, le voit plutôt comme un vrai républicain, avocat de la liberté contre les tyrans ! Il écrit à propos de Machiavel : « En feignant de donner des leçons aux rois, il en a donné de grandes aux peuples. » Ce n'est pas si bête, quand on y réfléchit : après tout, si

Jean-Jacques Rousseau (1712-1778), écrivain et penseur suisse, apôtre de la nature et du sentiment, théoricien du contrat social et de la volonté générale.

Denis Diderot (1713-1784), écrivain et penseur français ; esprit curieux, original et subversif, étincelant de vivacité ; il défendit un matérialisme athée et une morale de la nature et du plaisir.

Machiavel avait vraiment voulu soutenir et encourager les ruses et les crimes de la tyrannie, en aurait-il si ouvertement parlé ? N'agit-il pas comme quelqu'un qui vend la mèche, qui dévoile le secret et qui, par là même, contribue surtout à désamorcer le prestige du tyran, à miner son pouvoir et à rendre les peuples méfiants ?

Jean Le Rond d'Alembert (1717-1783) : écrivain et savant français.

Toujours au dix-huitième siècle, la célèbre *Encyclopédie* de ceux qu'on nomme les philosophes des lumières, dirigée par Diderot* et d'Alembert*, va elle aussi dans ce même sens : « Lorsque Machiavel écrivit son traité du prince, c'est comme s'il eût dit à ses concitoyens : *Lisez bien cet ouvrage. Si vous acceptez jamais un maître, il sera tel que je vous le peins : voilà la bête féroce à laquelle vous vous abandonnerez.* Bacon* le chancelier ne s'y est pas

> L'Encyclopédie, ou Dictionnaire raisonné des sciences et des techniques *(1747-1772) : imposant ouvrage en plusieurs dizaines de volumes, animé principalement par Diderot, auquel collaborèrent les plus grands noms (tels Voltaire, Montesquieu, Rousseau, Buffon, Quesnay, d'Holbach), et qui reste le témoignage d'un esprit nouveau, opposé aux dogmes religieux, favorable aux institutions démocratiques de l'antiquité, et ouvert au progrès des sciences et des techniques.*

> *Lumières : terme employé pour désigner la pensée optimiste du dix-huitième siècle européen, caractérisée par une confiance sans limite envers la capacité intellectuelle naturelle des hommes et envers les connaissances qu'elle permet d'atteindre. Les « philosophes » contribuèrent, par leur propagande active pour les idées nouvelles (tolérance, liberté, égalité, progrès), au renversement de la monarchie et à la révolution.*

Francis Bacon (1561-1626), philosophe et homme d'État anglais, promoteur de la science naissante. Se prononce « bacon » et non « béékeunne ».

trompé, lui, lorsqu'il a dit : cet homme n'apprend rien aux tyrans, ils ne savent que trop bien ce qu'ils ont à faire ; mais il instruit les peuples de ce qu'ils ont à redouter » (Diderot, *L'Encyclopédie*, article « Machiavélisme »).

De fait, on peut se demander si celui qui écrirait un « Guide du meurtre parfait » ne rendrait pas service davantage à la police qu'aux assassins. Le sérieux de Machiavel ne cacherait-il pas une certaine dose d'ironie subversive ? Je ne prétends pas ici trancher la question. Mais je voudrais du moins tirer de cette brève réflexion une simple conclusion méthodologique : *une idée peut en cacher une autre*. Même s'il semble tout à fait aisé de comprendre ce qu'on lit, on n'est jamais *tout à fait sûr*, à la première lecture, de ce qu'un auteur a voulu dire. (Prenez Pierre Bourgault, par exemple.)

Il importe de se rappeler que j'ai mis l'accent ici sur un problème précis et limité d'interprétation. Il ne faudrait pas perdre de vue que l'importance véritable de Machiavel est ailleurs. Il fonde la théorie de l'État et du pouvoir souverain ; il émancipe la réflexion sur la politique de la tutelle de la religion et de la morale ; il inaugure la pensée de l'activité politique en tant qu'instauration d'un ordre nouveau. Son œuvre marque le début d'une science moderne du politique, sur lequel ses successeurs s'appuieront pour aller plus loin.

Quoi qu'il en soit, Machiavel, ce grand penseur de la renaissance italienne, paraît toujours d'une étonnante actualité : quand le cinéaste Denys Arcand a voulu réfléchir sur l'échec référendaire de 1980 au Québec à propos de la souveraineté-association, il n'a pas seulement porté à l'écran René Lévesque et Pierre Trudeau, il leur a adjoint dans son film un personnage inattendu, chargé du commentaire : Machiavel, évidemment (*Le confort et l'indifférence*, 1981, à voir absolument, ne serait-ce que comme document sur... l'histoire des idées !).

GALILÉE ET LA SCIENCE

Avec Galilée (1564-1642), nous allons nous trouver devant un autre cas de grand penseur qui fonde toute une tradition, comme avec Platon. Cette tradition, c'est celle de ce que nous appelons aujourd'hui les sciences.

Naturellement, il serait absurde de penser qu'à lui seul Galilée aurait inventé toute la science. Mais nous allons voir qu'il en a remarquablement bien manifesté quelques-uns des caractères principaux, qui allaient croître et triompher dans les siècles ultérieurs.

Pour commencer, Galilée fut un grand observateur. Par exemple, grâce au télescope, invention alors toute récente et qu'il contribua grandement à perfectionner, il observa entre autres les reliefs montagneux présents sur la surface lunaire, les anneaux de Saturne, les satellites de Jupiter, les taches du Soleil, les phases de Vénus. Il osa concevoir l'idée que les astres n'étaient pas d'une tout* autre nature

Et non « toute » autre.

que la Terre, alors que justement, depuis l'Antiquité, on croyait dur comme fer en une perfection supérieure des cieux immuables par rapport au monde imparfait et changeant d'ici-bas.

> *Galilée est un contemporain de l'établissement de la Nouvelle-France : Champlain fonde Québec en 1608 et, avec Maisonneuve et Jeanne Mance, Ville-Marie naît sur l'île de Montréal l'année même de la mort de notre savant italien, année qui voit naître le grand Isaac Newton. Les pèlerins du* Mayflower *avaient débarqué en Amérique en 1620. En Europe, les premières machines à calculer sont mises au point par Napier et Pascal. Harvey comprend le rôle du cœur et le principe de la circulation du sang (1628). Le cacao a été introduit en 1520 (on signale une fabrique de chocolat en Italie en 1606), le tabac en 1565 et le café en 1580. Invention du microscope (1590).*

Il fut aussi un grand expérimentateur, probablement le premier expérimentateur systématique. Son utilisation du plan incliné en vue d'une étude précise du mouvement de chute des corps sous l'effet de la pesanteur est sans doute, en la matière, l'exemple le plus extraordinaire qui vienne à l'esprit. Il utilisa la mesure systématique de grandeurs bien définies (le temps, la distance) pour en rendre compte de manière rigoureuse.

Mais que seraient l'observation et l'expérimentation sans la spéculation et la théorie ? Bien peu de chose. Galilée fut donc avant tout un penseur. Il conçut des hypothèses à la fois audacieuses, simples et profondes, comme celle de la relativité. Écoutons-le plutôt :

Figure 1

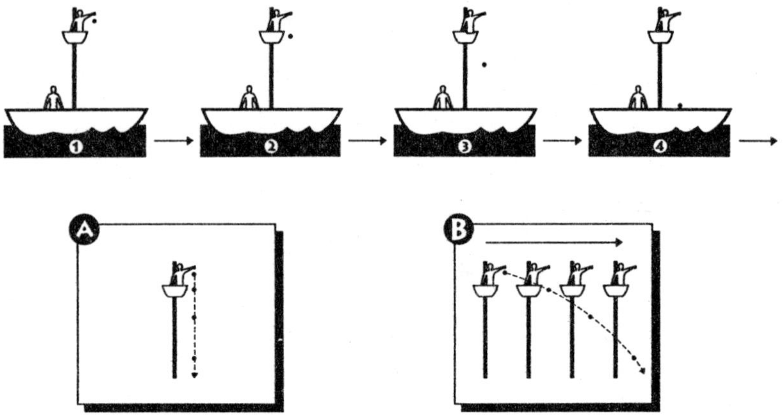

Vu du bateau

Vu de la rive

Figure 2

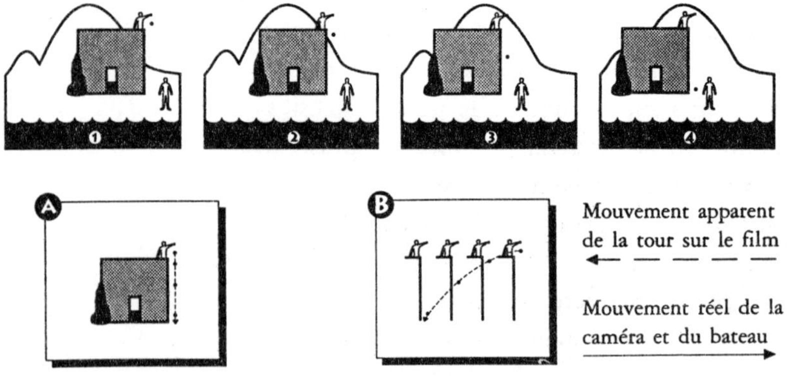

Vu de la terre

Filmé par une caméra fixe du bateau qui passe face à la tour

Figure 3

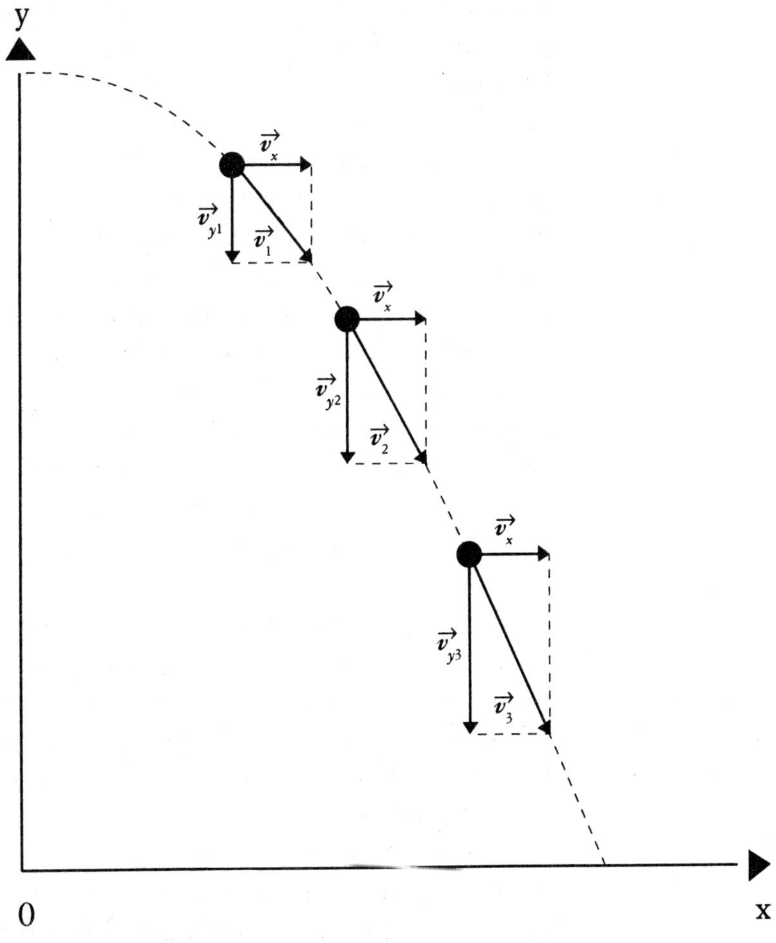

y
$\vec{v}_x$
$\vec{v}_{y1}$
$\vec{v}_1$
$\vec{v}_x$
$\vec{v}_{y2}$
$\vec{v}_2$
$\vec{v}_x$
$\vec{v}_{y3}$
$\vec{v}_3$
0
x

« Enfermez-vous avec un ami dans la plus vaste cabine d'un grand navire [immobile] et faites en sorte que s'y trouvent également des mouches et des papillons. Observez attentivement comment ils volent à la même vitesse quel que soit l'endroit de la cabine où ils se dirigent.

« Faites ensuite se déplacer le navire à une vitesse aussi grande que vous voudrez, pourvu que le mouvement soit uniforme : vous n'apercevrez aucun changement dans les phénomènes considérés, et aucun d'eux ne vous permettra de savoir si le navire avance ou bien est arrêté. Les papillons et les mouches continueront de voler indifféremment dans toutes les directions : on ne les verra jamais s'accumuler du côté de la cloison arrière, ce qui ne manquerait pas d'arriver s'ils devaient s'épuiser à suivre le navire dans sa course rapide » (*Dialogue sur les deux grands systèmes du monde*, 1632).

Bref, on ne sent pas la vitesse : le mouvement uniforme est « comme nul » (Galilée). Si je monte en haut du mât d'un bateau et que je laisse tomber une balle, elle atterrira au pied du mât, que le navire soit immobile ou qu'il avance régulièrement.

Pour un observateur sur le bateau en mouvement, la balle tombe donc en ligne droite le long du mât (fig. 1, A). Mais pour un autre observateur demeuré sur terre, la balle semblera inévitablement accompagner le bateau dans son mouvement, et elle décrira donc une courbe parabolique en suivant le mât dans son avance (fig. 1, B).

Et réciproquement ! Faites un effort d'attention et d'imagination. Si une caméra fixée au mât d'un navire en mouvement filmait une pierre lâchée du haut d'une tour ou d'un phare sur la rive, on verrait sur ses images le phare changer de position à chaque prise (en sens inverse de la marche du bateau), et la pierre, le suivre. Et si l'on superposait ces images, la pierre, vue du navire, suivrait dans sa chute... une courbe parabolique (fig. 2, B), et non pas la ligne droite verticale vue par un témoin immobile au pied du phare (fig. 2, A) ! Autrement dit, la manière dont les phénomènes se déroulent, et par conséquent ce qu'on appelle les lois de la nature, sont les mêmes quel* que soit le repère adopté. Le mouvement est relatif : il n'existe aucun cadre absolu par rapport auquel on devrait sentir le mouvement.

« Quel que », en deux mots, et non « quelque ».

Remarquez au passage, si vous avez quelque souvenir de vos cours de physique, que le principe de la composition des vitesses n'est pas loin (fig. 3).

Car Galilée cherche, par l'analyse rationnelle, à découvrir une expression mathématique adéquate des relations constantes entre phénomènes.

Qu'en conclut-il ? Ceci : « La philosophie est écrite dans le grand livre que nous avons toujours sous les yeux, c'est-à-dire l'Univers. Mais pour le comprendre il faut d'abord en savoir la langue. *Il est rédigé dans le langage mathématique*, dont les caractères sont les triangles, les cercles et autres figures géométriques » (*L'essayeur*, 1623). Dans un premier temps, l'induction permet de tirer des formules mathématiques à partir de l'observation et de la mesure expérimentale ; puis dans un second temps, la déduction permet à son tour de découvrir, grâce en particulier au raisonnement mathématique, des conséquences parfois tout à fait inattendues de ces lois.

> *Induction : démarche intellectuelle qui remonte, à partir de faits particuliers, jusqu'à des principes généraux. Déduction : tout raisonnement qui, en partant d'une observation ou d'un principe, aboutit, par une suite d'étapes logiquement enchaînées, à des conclusions dont il démontre qu'elles sont la conséquence, inévitable et nécessaire, des faits ou hypothèses admis au départ.*

Galilée se lance ainsi dans des spéculations bien contrôlées, pleines d'une incroyable fécondité : il conçoit l'interdépendance entre mouvement et force, donc le caractère invariable du lien entre cause et effet, et il attribue le poids à une force constante attirant tous les corps vers le centre de la Terre ; il entrevoit également le principe selon lequel l'inertie implique aussi bien la perpétuation du mouvement que celle du repos en l'absence de force : « Un degré de vitesse quelconque, une fois communiqué à un mobile, s'imprime en lui de façon indélébile » (*Discours concernant deux sciences nouvelles*, 1636).

Par ailleurs, il développe l'idée que, dans le vide, tous les corps tomberaient avec la même accélération quelle que soit leur masse. Ce dernier exemple montre très clairement à l'œuvre la tendance, fondamentale dans toute la pensée scientifique ultérieure, à idéaliser et simplifier la réalité, à en construire mentalement un modèle abstrait, pour mieux la comprendre. « Si effectivement des mobiles de poids variés ont des vitesses de moins en moins différentes dans des milieux de plus en plus faciles à pénétrer, et si en fin de compte, dans le milieu le plus ténu quoique non vide, l'écart des vitesses pour des poids très inégaux devient très petit et quasi insensible, alors on pourrait admettre avec une très grande probabilité que dans le vide les vitesses seraient toutes égales » (*Discours concernant deux sciences nouvelles*). La chute des corps est ainsi purifiée de tout ce qui vient la perturber dans l'expérience courante (résistance de l'air, vent, etc.), et l'essentiel est dégagé : un objet scientifique susceptible d'une description mathématique simple.

La nature, selon Galilée, est une et rationnelle sous le regard de l'esprit scientifique. Les mathématiques ne sont plus (comme c'était le cas chez Platon) l'indicateur d'un au-delà de notre monde, idéal et surnaturel, mais seulement le langage adéquat à la structure des phénomènes.

À quoi pouvons-nous nous fier ? Galilée semble répondre : à la structure intime des choses et à l'ordre interne de l'univers. À partir de Galilée, la science consistera à faire en sorte que la raison et l'expérience se conjuguent harmonieusement pour permettre à la pensée humaine de percer au jour la logique immanente* du monde de l'expérience. En ce sens,

Immanent : qui est contenu dans la chose dont on parle, qui réside en elle, qui agit de l'intérieur.

on peut soutenir que Galilée inaugure la forme moderne de ce qu'on nommera plus tard la méthode expérimentale.

Mais sa curiosité ne s'arrêtait pas à cela. Il aborda également les sciences dites pures et n'hésita pas à ouvrir ainsi des portes sur l'abîme des paradoxes de l'infini mathématique. Permettez-moi une petite digression là-dessus. Pensez simplement à la suite des nombres entiers positifs (1, 2, 3, 4, 5, 6...). Si vous prenez n'importe lequel de ces nombres et le multipliez par lui-même, vous trouverez comme résultat de cette élévation au carré un autre nombre *qui fait lui aussi partie de cette même suite des entiers naturels* (2 x 2 = 2^2 (deux au carré) = 4 ; 3 x 3 = 3^2 (trois au carré) = 9 ; etc.).

Or, nous constatons vite que la plupart des nombres entiers ne sont pas des carrés parfaits. Il suffit, pour bien voir ressortir ce fait, de placer les uns sous les autres les entiers et leurs carrés : la seconde ligne, si on la lit seule, semble manifestement pleine de lacunes par rapport à la première, et l'on serait donc porté à en déduire qu'elle contient moins de termes que l'autre (qui les comprend tous).

1	2	3	4	5	6	7	8	...
|	|	|	|	|	|	|	|	
1	4	9	16	25	36	49	64	...

De ce point de vue, il est parfaitement juste de dire que l'ensemble des carrés ne représente qu'une partie, ou encore n'est qu'un sous-ensemble, de l'ensemble des entiers. Or, l'adage* classique ne veut-il pas que le tout

Adage : ancienne maxime populaire ; proverbe, dicton, formule.

(ici, les nombres naturels) soit plus grand que la partie (dans ce cas, l'ensemble des carrés) ?

Et pourtant, Galilée saisit immédiatement le paradoxe : « Si je demande combien de nombres sont des carrés, on peut répondre sans se tromper qu'il y en a autant que de racines correspondantes. Chaque carré a sa racine, chaque racine son carré, aucun carré n'a plusieurs racines ni aucune racine plusieurs carrés.

« La seule conclusion raisonnable est que la suite des nombres est infinie et celle des carrés également ; mais que si la multitude des carrés n'est pas plus grande que celle des nombres, elle n'est pas plus petite non plus » (*Discours concernant deux sciences nouvelles*).

Ne dirait-on pas ici que Galilée a pressenti que les ensembles infinis n'obéissent pas aux mêmes règles que les ensembles finis — et aussi, que cela ne veut pas nécessairement dire que ces ensembles infinis soient une absurdité, mais peut-être simplement qu'ils supposent une logique différente.

Il faudra attendre deux siècles et demi pour que le problème en question soit enfin éclairci, non pas par Pierre Bourgault

Si l'on appelle « Aleph zéro » la puissance (ou le cardinal) de l'infini du premier type, qui correspond à la suite des nombres naturels (1,2,3,4...), on démontre que « Aleph zéro » + « Aleph zéro » = « Aleph zéro » ! Pour en savoir davantage sur ces bizarreries passionnantes, voir un prof de maths ou une bonne introduction aux mathématiques modernes (par exemple : André Warusfel, Les nombres et leurs mystères, *Paris, Seuil, coll. « Points », p. 121, où ce même nombre transfini s'appelle toutefois « D », pour « dénombrable »).*

Georg Cantor (1845-1918), génial mathématicien germano-russe d'ascendance danoise, fondateur de la théorie des ensembles et créateur des nombres transfinis ; il devint plus ou moins mystique sur le tard et il finit ses jours, victime de l'incompréhension de ses contemporains et atteint de troubles nerveux, dans un asile d'aliénés.

d'ailleurs, mais bien par un certain Georg Cantor*, dont vous entendrez peut-être parler un jour dans un cours d'algèbre moderne, si la curiosité vous pousse dans cette voie.

Ainsi pensait Galilée. Car, contrairement à ce que beaucoup de philosophes semblent croire, *la science pense*. Oh, elle ne pense peut-être pas exactement de la même manière que la morale, par exemple : ses objets sont sans doute plus secs et impersonnels (les nombres, ou les lois naturelles, ne sont pas des sujets du même genre que le Bien et le Mal), et son ton est davantage celui de la rigueur formelle que celui de la profondeur existentielle. Mais l'important est qu'elle pense.

Le Vatican, du reste, ne s'y est pas trompé, puisque le tribunal de l'Inquisition catholique a condamné Galilée pour avoir soutenu que la Terre tournait autour du Soleil et l'a obligé à se rétracter. L'Église craignait que les idées nouvelles de la science naissante ne viennent saper les fondements de la croyance religieuse. En cela, elle ne se trompait pas.

Inquisition : du douzième au dix-septième siècle environ, sorte de police et tribunal religieux, chargée de traquer et punir la sorcellerie et les hérésies, c'est-à-dire les doctrines condamnées par l'Église. L'Inquisition aurait fait des dizaines de milliers de victimes dans toute l'Europe, en particulier des femmes.

DESCARTES, KANT ET LE RATIONALISME

À tort ou à raison, sans doute parce que je suis un grand inquiet, je commence à craindre que tout ça ne finisse par devenir un petit peu trop sérieux et monotone pour mes lecteurs, en particulier les cégépiens. C'est pourquoi je vais essayer dans ce chapitre de changer un peu la présentation, histoire de prendre un nouveau départ, comme aurait dit un certain Descartes.

En effet, avec René Descartes, savant et philosophe français du dix-septième siècle (1596-1650), mais qui vécut principalement en Hollande (pays plus libéral et tolérant), nous allons jouer au jeu des citations sous forme de questions-réponses.

> *À la même époque, en Angleterre, Shakespeare écrit ses principaux chefs-d'œuvre entre 1600 et 1612. Descartes a environ quarante ans lorsque meurt Champlain, premier gouverneur de la Nouvelle-France, en 1635. En France, Louis XIV monte sur le trône en 1643. C'est le début de la période dite des « temps modernes » qui fait suite à la renaissance. Le périscope est inventé en 1633, et le baromètre en 1643 (Torricelli). Assiettes, fourchettes et couteaux se répandent peu à peu. Le fusil, inventé au seizième siècle, se propage aussi, et bien plus rapidement.*

On y va !

Descartes/Prise 1 :

« Il fallait que je rejette comme absolument faux tout ce en quoi je pourrais imaginer le moindre doute, afin de voir s'il ne resterait pas, après cela, quelque chose en ma croyance

« Faire table rase » : écarter toutes les opinions antérieurement admises, rejeter toutes les choses précédemment établies (faire table rase du passé : reprendre à neuf).

qui fût entièrement indubitable. [...] Je me résolus de feindre que toutes les choses qui m'étaient jamais entrées en l'esprit n'étaient pas plus vraies que les illusions de mes songes » (*Discours de la méthode*, 1637).

— Bref, ton Descartes veut faire table rase* de tout et repartir à zéro ?

— Exactement.

— Mais c'est impossible ! Et d'ailleurs, pourquoi tenter de le faire ? Le doute intégral, c'est absurde, contre nature, ça ne peut rien donner de bon !

— Eh bien, si tu préfères, dis-toi que Descartes *fait semblant* (n'emploie-t-il pas le mot « feindre » ?), mais qu'il le fait sérieusement et méthodiquement, pour les besoins d'une bonne cause. Il cherche la vérité, ou du moins une vérité, mais une vérité qui soit réellement solide, fondamentale, évidente (il dit : « claire et distincte »). Et la technique, ou la stratégie, qui lui paraît la meilleure, c'est de s'y prendre comme un chercheur de minerai qui ferait passer le sable d'une rivière au travers d'un tamis dans l'espoir d'y trouver des parcelles de métal précieux.

Il faut donc à Descartes une sorte de passoire à vérités. C'est précisément le doute, qui va lui servir de filtre pour trier les idées, pour passer au crible toutes les croyances qu'il a dans son esprit, tout ce que l'école lui a enseigné, tout ce que la tradition lui a légué. Si, malgré sa résolution ferme et systématique de rejeter tout ce qui, à l'examen, présente une faille ou une faiblesse si petites soient-elles —

si donc il se trouve une vérité absolument incontournable, elle va nécessairement lui sauter aux yeux quand tout le reste aura été éliminé.

— C'est quand même légèrement invraisemblable, non ? Combien de chances un pauvre individu isolé a-t-il de découvrir si aisément une vérité fondamentale qui aurait échappé à ses prédécesseurs ? Si cette dernière était tellement évidente, d'autres l'auraient trouvée depuis belle lurette !

— Pour l'instant, peu importe la validité du résultat, ni celle de la doctrine que Descartes a cru ensuite pouvoir bâtir là-dessus. Ce qu'il importe de bien saisir, c'est que *son attitude* va rester comme un modèle d'audace et d'indépendance, à l'égal de celle de Socrate.

On peut même soutenir qu'après lui, plus encore qu'après Socrate, le libre penseur ne fait confiance ni à l'autorité, ni à la tradition, ni aux livres sacrés et à leurs prétendues révélations divines, ni aux maîtres d'école : il ne se fie qu'à son jugement et à sa « raison » (Descartes : « Le bon sens est la chose du monde la mieux partagée »). L'intelligence humaine est la seule source valide de tout savoir. Elle peut reconnaître la vérité à son évidence : pour Descartes, la certitude, fondée sur les idées claires et distinctes, est la marque du vrai.

— Admettons. Quelle vérité merveilleuse a-t-il dénichée après avoir tenté ainsi de douter de tout ?

— Nous y voilà !

Descartes/Prise 2 :

« Je pense, donc je suis » (*Discours de la méthode*).

— Ah, je vois ! Je parierais que c'est le fameux « Cogito ergo sum » dont j'ai déjà vaguement entendu parler et auquel je n'ai jamais compris grand-chose !

— C'est bien ça, en français ou en latin : ça dépend jusqu'à quel point tu veux faire « cultivé ».

— Et c'est la vérité de base de tout son système ?

— En un sens, oui. Descartes, ayant tout « révoqué en doute », se rend compte qu'il reste en tout cas une chose indubitable, *et c'est qu'il doute, justement.* Quoi qu'il en soit de la vérité ou de la fausseté de ce dont il doute, une chose du moins est absolument certaine : il se passe une activité de pensée doutante dont il est le siège.

Tout peut bien être faux à ses yeux, il n'en demeure pas moins que son doute est en quelque sorte la preuve de sa pensée. Douter de tout, c'est encore penser. On ne peut douter sans penser. Pour penser, il faut être — ou plutôt, penser est une façon d'être. Or je doute, donc je pense, et je suis. CQFD.

— Et il est le seul à avoir eu cette pensée profonde ?

— Oh mais non ! D'autres l'avaient déjà rencontrée, rassure-toi. Au moyen âge par exemple, un autre grand penseur, saint Augustin, dans sa réfutation du scepticisme, avait déjà énoncé cette idée que si je me trompe, cela indique à coup sûr que j'existe : « Si fallor, sum », comme disait l'autre en latin. Simplement, il n'en avait pas tiré autant de conséquences que Descartes.

— Quelles conséquences ?

— Premièrement, une nouvelle sorte de place centrale accordée à l'esprit, à la pensée, à ce qu'on appellera désormais la « subjectivité ». Descartes est le père de cette tendance philosophique dénommée subjectivisme*, qui met le sujet pensant au centre du monde, en particulier au centre de la connaissance. Le grand philosophe allemand du siècle suivant, Emmanuel Kant, n'aura plus qu'à développer

Subjectivisme : doctrine selon laquelle l'essentiel de l'existence se ramène à l'esprit, aux états de conscience ou à la pensée.

*Kant (1724-1804) : auteur, entre autres, de trois ouvrages célèbres, les « Critiques » (*Critique de la raison pure, *1781 ;* Critique de la raison pratique, *1788 ;* Critique de la faculté de juger, *1790). Il a distingué entre les « choses en soi » (ou « noumènes ») inconnaissables, et les « phénomènes » (apparences) seuls susceptibles d'être connus. Mais selon Kant, le monde sensible ne devient objet de savoir que dans la mesure où nos facultés mentales lui imposent des cadres (l'espace, le temps, la causalité, etc.) qui seraient les catégories innées de notre esprit. Kant a conclu que les théories métaphysiques, portant sur des entités surnaturelles comme Dieu, le libre arbitre (liberté morale de choix) ou l'immortalité de l'âme, ne pouvaient pas relever de la connaissance objective, mais seulement de l'intuition ou de la foi. Il est à noter que Kant fut le premier a émettre l'hypothèse d'un cosmos comprenant d'autres univers que le nôtre, seul connu à l'époque (il s'agit des galaxies ; il disait des « univers-îles »).*

En 1763, la Nouvelle-France passe sous la domination anglaise (traité de Paris). Invention de la machine à vapeur (1712), du paratonnerre par B. Franklin (1752), de la machine à filer (1767) et de la batteuse (1786). Pendant ce temps, du dix-septième au dix-

neuvième siècle, des millions de personnes, peut-être vingt ou trente millions, auront été arrachées au continent africain et réduites à l'esclavage dans le Nouveau Monde.

et systématiser ce point de vue lorsqu'il affirmera que les phénomènes connus sont en bonne partie construits par l'activité de l'esprit connaissant.

Omniscient : qui sait tout.

En second lieu, Descartes va tirer de son Cogito toute une série de conclusions philosophiques plus ou moins originales, à commencer par l'existence d'un Dieu parfait et omniscient*, qui lui servira de garantie pour la véracité de nos « idées claires et distinctes ». Le doute radical conduit Descartes à une vérité de base, inébranlable : « Je pense ». Et de ce « Je pense », il entreprend alors de tirer tout un système de vérités dérivées dont la première est que Dieu est là, qu'il est bienveillant et qu'il ne veut pas que je me trompe quand je raisonne selon les règles normales de la logique.

Troisièmement, sous prétexte que l'idée « claire et distincte » de l'étendue extérieure s'oppose à l'idée « claire et distincte » de la pensée intérieure, Descartes sépare radicalement le règne de la subjectivité pensante, dont nous venons de parler, du règne de la matière. D'un côté, il y a donc l'intériorité mentale, purement spirituelle, de l'autre l'étendue et les corps matériels, domaine exclusivement mécanique. Dans la vision cartésienne du monde, le ciel est semblable à une vaste horloge et les animaux sont comme des machines.

Il me semble important de bien comprendre qu'historiquement cet aspect du dualisme cartésien (pensée/matière) servira de fondement nouveau pour l'autonomie des sciences naturelles, par opposition aux dogmes religieux et aux principes métaphysiques traditionnels. En effet, si le monde des choses relève seulement de la mécanique, il peut et doit être étudié de façon purement objective. Alors que la plupart des philosophes suivants retiendront de Descartes le primat de la subjectivité ou les « preuves » de l'existence de Dieu, les savants et les techniciens se réclameront surtout de son mécanicisme.

Là encore, Kant sera le digne successeur et continuateur de Descartes, puisque tout son effort consistera à légiférer une fois pour toutes sur l'incommensurabilité* (mais aussi la complémentarité) entre deux royaumes distincts et juxtaposés — à droite celui de Dieu et de l'esprit, légitime et essentiel, mais inaccessible à la raison logique ; à gauche celui des phénomènes naturels, construits par la pensée, imparfaits et relatifs, mais objets de science rationnelle.

Incommensurabilité : caractère de deux ou plusieurs choses qui n'ont pas de commune mesure, pas de rapport.

Évidemment, il s'agit là de théories philosophiques délicates et très abstraites. Si j'ai raté ma tentative d'explication, tout cela peut vous paraître un incompréhensible charabia, mais il faut en retenir au moins ceci qu'avant Descartes (et Kant) la religion prétendait avoir son mot à dire, aussi bien sur le monde naturel qui nous entoure que sur l'homme et sur Dieu ; alors qu'après eux la position dominante consistera plutôt à diviser les choses en deux règnes égaux mais séparés. Le philosophe

Ne pas confondre avec habileté.

se présentera alors comme l'arbitre habilité* à adjuger à chacun sa place légitime : aux scientifiques le monde naturel, aux métaphysiciens le règne surnaturel.

Tel est le grand compromis du rationalisme critique classique. À la science, la nature et les choses ; à la religion, l'âme et Dieu — chacune étant reconnue comme spécialiste dans son domaine, mais inapte à intervenir dans l'autre. C'était sans doute là, dans l'esprit de Kant, une tentative pour mettre la religion à l'abri des attaques de l'humanisme laïque* militant.

Humanisme laïque (notez que l'adjectif « laïque » s'écrit de la même façon au masculin et au féminin) : doctrine qui place l'humanité, et non Dieu, au centre de ses conceptions.

Mais le résultat réel, à mon avis, ce fut surtout l'inverse. Bref, le voulant ou non, le sachant ou pas, Descartes et Kant auront contribué à faire reculer un peu l'emprise de la religion sur les pensées des hommes. En ce sens, ils auront préparé le terrain au règne des technosciences modernes.

Le monde naturel, y compris les êtres vivants (et même les hommes en tant que corps), est régi aux yeux du rationalisme cartésien par des lois mécaniques, certes instituées en principe par Dieu à l'origine, mais qui ensuite marchent toutes seules et peuvent donc être découvertes et étudiées pour elles-mêmes. La science, davantage encore que chez Galilée, se trouve ainsi émancipée et libérée de la tutelle de la religion.

— Franchement, je n'ai pas saisi grand-chose !

— Mais si, j'espère malgré tout que tu en sais un peu plus maintenant qu'avant. Ton impression d'en avoir manqué des bouts provient peut-être de ce que tu ne te souviens pas assez de mon tableau des deux pôles (pensée ancienne et pensée moderne). Reprends-le, et tu verras peut-être mieux que Descartes et Kant nous ont fait glisser un peu de l'autorité vers la liberté, de la religion vers la science.

D'ailleurs, si je te parle de la technique, tu vas probablement saisir davantage où je veux en venir.

Descartes/Prise 3 :

« Nous rendre comme maîtres et possesseurs de la nature » (*Discours de la méthode*).

— Il veut dire exploiter les ressources naturelles ?

— Si tu veux. Il se retrouve avec, face à face, d'une part l'esprit pensant du sujet rationnel, de l'autre la nature réduite à une étendue matérielle purement mécanique. Dans la conception cartésienne, la conscience humaine, avec ses intentions et ses projets, ne trouve devant elle qu'un univers de choses sans âme. Tout naturellement, Descartes est donc porté à en conclure que l'une — la moins noble et la moins subtile, à savoir, selon lui, la matière — n'est qu'un simple objet soumis à l'autre : il est normal que la pensée domine le monde.

En outre, œuvres de l'artisanat ou des techniques et œuvres de la nature pourront désormais être envisagées comme ayant la même nature profonde, puisque tout y est mécanique. Le naturel et l'artificiel se rejoignent ainsi : « Lorsqu'une montre marque les heures par le moyen des roues dont elle est faite, cela ne lui est pas moins naturel qu'il est à un arbre de produire des fruits » (*Principes de la philosophie*, 1644).

Par conséquent, Descartes va pouvoir réhabiliter la technique et le travail artisanal, qu'en général la philosophie tenait jusqu'alors en piètre estime. Non seulement le but de l'activité technique est-il de maîtriser les choses et d'accroître l'empire de l'homme sur la nature, mais cette finalité est légitimée. La technique est le prolongement logique de la science.

À quoi pouvons-nous nous fier ? Descartes semble répondre : à la pensée. Cet « esprit rationnel » dont le sujet cartésien se retrouve doté, et dont l'efficacité est garantie de surcroît par Dieu, deviendra ainsi l'outil d'une mentalité conquérante. Science et technique, connaissance et action, un immense champ d'activité s'ouvre devant nous. Désormais, pour le meilleur et pour le pire, l'homme moderne est armé pour entreprendre de dominer le monde.

(Contre Descartes, on pourra lire avec profit *Descartes inutile et incertain*, de Jean-François Revel, chez Stock.)

DARWIN ET L'ÉVOLUTION

Vous le savez sûrement déjà, Charles Darwin, naturaliste anglais du siècle dernier (1809-1882), est considéré comme le fondateur de la théorie moderne de l'évolution des espèces.

Comparable en cela au célèbre Einstein, c'était un élève inégal et non conformiste, il oscillait entre plusieurs carrières possibles, et son père n'a pas hésité à lui dire : « Tu ne t'intéresses à rien d'autre qu'au tir, aux chiens et à la chasse. Tu seras une honte pour toi-même et pour ta famille. » Comme vous le voyez, les parents ne changeront décidément jamais.

> *Le dix-neuvième siècle est l'époque de la révolution industrielle en Europe et en Amérique, avec la journée de quatorze ou seize heures pour les ouvriers et le travail des enfants dans les mines. La science progresse de plus en plus vite et les inventions se multiplient (dans le désordre : bicyclette, bateau à vapeur, ventilateur, locomotive, aspirine, dynamite, photographie, chemins de fer, moteur électrique, moissonneuse, mitrailleuse, caoutchouc, téléphone). L'esclavage est peu à peu aboli partout : 1807 dans l'Empire britannique, 1865 aux États-Unis (mais en 1941 seulement en Arabie Saoudite). En Europe, l'école publique obligatoire se répand vers la fin du siècle. C'est aussi l'âge des nationalismes (unité de l'Italie et de l'Allemagne) et des grands empires coloniaux d'Afrique et d'Orient. Au Québec, on rappellera au moins la rébellion des Patriotes en 1837, ainsi que la Confédération en 1867.*

Un peu par hasard, ce jeune bon à rien de génie s'embarqua pour cinq ans sur un navire, le *Beagle*, en partance vers l'Amérique du Sud pour un voyage d'étude autour du monde. Il en revint la tête bourrée d'observations et d'idées, presque convaincu que, contrairement à ce qu'enseignait toute la tradition alors admise, les espèces vivantes changeaient avec le temps.

Il faut bien savoir que, jusque-là, la théorie officielle, soutenue par la religion (et souvent appelée le créationnisme), c'était que Dieu lui-même avait créé, une fois pour toutes, les différentes espèces, chacune constituant ainsi un type invariable, qui ensuite se reproduisait toujours semblable à lui-même. C'est ce qu'on appelle également le fixisme : doctrine selon laquelle les espèces sont fixes.

Darwin avait entre autres constitué aux îles Galapagos une collection de plus d'une douzaine de variétés de pinsons à la fois très proches et bien distincts. Leurs becs, par exemple, étaient faciles à classer du plus gros au plus petit, et ils présentaient diverses habitudes alimentaires similaires. Pourquoi ces variétés étaient-elles si nombreuses et si différentes des pinsons du continent ? Plutôt que d'être forcé d'admettre treize ou quatorze créations divines spéciales, séparées mais aussi voisines l'une de l'autre, et par surcroît exclusives aux Galapagos, il sembla à Darwin plus normal de croire que ces variétés de pinsons descendaient toutes d'un lointain ancêtre commun, et qu'elles avaient dû se différencier peu à peu, pour divers motifs tenant au contexte particulier dans lequel elles vivaient.

Il raisonna de la façon suivante : « La variabilité doit avoir ordinairement quelque rapport avec les conditions d'existence auxquelles chaque espèce a été soumise durant plusieurs générations successives » (*L'origine des espèces*, 1859). Aussi*, il conçut l'hypothèse que, ayant à faire face à peu de prédateurs et à

Attention : en début de phrase, « aussi » ne veut en général pas dire « également » mais plutôt : « par conséquent, c'est pourquoi ».

peu de concurrents au sol, quelques pinsons ordinaires venus jadis, par hasard, du continent lointain, portés sans doute par une tempête exceptionnelle, s'étaient petit à petit multipliés et avaient progressivement diversifié leur comportement alimentaire en fonction de leurs caractères physiques particuliers, occupant finalement le maximum de niches écologiques disponibles : ceux qui avaient un bec plus fort pouvaient manger des graines, ceux qui en avaient un plus long des insectes, etc.

De là à affirmer que toutes les populations vivantes sont susceptibles de transformations, il n'y avait qu'un pas. Grâce à Darwin, ce qui passait pour immuable allait devenir mouvant et changeant. Après lui, les espèces naturelles ne seront pratiquement plus jamais conçues comme fixes, si ce n'est par quelques sectes religieuses, fondamentalistes et isolées, attachées par exemple à une lecture strictement littérale de certains passages bibliques.

Outre ses observations lors du périple du *Beagle*, Darwin avait également pu constater autour de lui que les hommes parviennent à sélectionner artificiellement des types plus productifs ou plus forts parmi leurs animaux domestiques. En éliminant méthodiquement les spécimens les moins conformes à leurs critères, les éleveurs anglais de l'époque avaient ainsi réussi à améliorer considérablement les qualités de plusieurs espèces domestiques (bovins, chiens, porcs, chevaux).

Par ailleurs, Darwin avait aussi eu l'occasion de réfléchir sur des squelettes et autres

Fossile : animal ou végétal ayant vécu il y a très longtemps, inexistant aujourd'hui, et qu'on retrouve conservé dans les roches par enfouissement ou infiltration.

traces fossiles* d'animaux disparus. Pour l'œil exercé d'un naturaliste, les ressemblances entre le squelette d'un cheval et celui d'un humain sont très frappantes : même plan général, mêmes os, agencés de la même manière. Méditant ainsi sur le squelette d'un grand fourmilier fossile, Darwin ne put faire autrement que de noter les similitudes entre ce mastodonte du passé et nos petits fourmiliers modernes : tout lui suggérait l'idée selon laquelle le premier devait être l'ancêtre des seconds.

Malthusianisme : théorie selon laquelle il faut limiter les naissances pour éviter la surpopulation.

Parallèlement, Darwin lut un ouvrage du démographe Malthus* (*Essai sur le principe de la population*, 1798) grâce auquel il comprit que les êtres vivants se reproduisent à un rythme tel que leur progéniture devrait vite envahir complètement la Terre si quelque chose ne venait pas en limiter le nombre. Ce facteur, c'est la limitation des ressources et la compétition entre individus ou entre espèces dans les limites imposées par le milieu. « Je fus aussitôt frappé, se souvient Darwin, par le fait que dans de telles conditions, les variations favorables avaient des chances de passer dans les patrimoines héréditaires et non les variations défavorables » (*Correspondance*).

Empirique : relatif à l'expérience. Rien à voir avec « empire ».

Deux principes simples s'imposent en somme à son esprit : variation et sélection. C'est un fait connu que les êtres vivants naissent légèrement différents les uns des autres au fil des générations successives. Darwin ne sait pas l'expliquer, mais il le constate comme une évidence empirique*.

Forcément, certains représentants d'une même espèce seront plus forts, plus rapides, mieux prémunis contre le froid, et ainsi de suite. Il tient* pour acquis que tous les organismes ont une tendance non seulement à varier, mais aussi à propager leurs particularités par l'hérédité.

Et non « prend » pour acquis, qui est un anglicisme.

Or, en général, les ressources sont rares, la concurrence aiguë et les conditions le plus souvent ingrates. Il est nécessaire pour tout vivant d'échapper aux prédateurs, de résister aux intempéries, à la sécheresse, etc. C'est cet ensemble de phénomènes que résume l'expression de « lutte pour la vie », formule imagée qui désigne simplement la confrontation écologique inévitable entre un individu et les contraintes objectives d'un milieu tant physique (qualité du sol, disponibilité de l'eau, rareté des ressources alimentaires) que biologique (pression démographique pour l'espace vital, rivalité pour la nourriture et les abris, présence de proies ou de prédateurs). « La lutte pour l'existence résulte inévitablement de la rapidité avec laquelle tous les êtres organisés tendent à se multiplier » (*L'origine des espèces*).

Il apparut donc raisonnable à Darwin de formuler la thèse selon laquelle les sujets les mieux adaptés à tel contexte particulier devraient avoir davantage de chances de survivre, de se reproduire et de transmettre à leurs descendants leurs caractères propres. C'est cet ensemble de phénomènes qui recevra le nom de « survivance du plus apte » — formule acceptable à condition de bien comprendre que ce « plus apte » est seulement celui qui naît avec des caractéristiques qui, par hasard, facilitent sa survie, ou si l'on préfère, celui qui rencontre un environnement propice à sa survie.

Ces diverses idées et hypothèses mises ensemble aboutissaient à une théorie cohérente de la sélection naturelle. Tout comme un éleveur peut améliorer son cheptel en procédant à un choix intentionnel et systématique, pourquoi le simple jeu des mécanismes naturels ne produirait-il pas des types nouveaux, en opérant un tri mécanique et aveugle parmi les individus ? Les variations les plus favorables relativement à un contexte donné l'emportent et survivent par un effet de sélection spontanée, et les moins favorables sont éliminées.

On peut dire, si l'on y tient, que c'est « la nature » qui exerce ainsi une sélection, mais à condition de bien préciser avec Darwin que « par *nature* on entend seulement l'action combinée et le résultat complexe d'un grand nombre de lois naturelles — et par *lois*, la série nécessaire des faits telle qu'elle nous est connue aujourd'hui » (*L'origine des espèces*). Pour Darwin, en effet, la nature n'est pas une personne et n'a pas d'intentions.

L'hypothèse évolutionniste suppose que, étendue sur une très longue période — disons par exemple pendant des dizaines de milliers de générations —, une accumulation (plus ou moins brusque ou progressive) de variations (plus ou moins grandes) devrait finir par pouvoir expliquer l'apparition de populations dotées de caractéristiques entièrement originales, c'est-à-dire d'espèces nouvelles.

Bien sûr, comme la chute des corps dans le vide chez Galilée, c'est là une extrapolation*.

Extrapoler : partir d'une chose connue pour en déduire hardiment des hypothèses portant sur un domaine, voisin ou plus général, mais moins bien connu.

En réalité, le fait est que personne n'a jamais vu surgir une nouvelle espèce, et Darwin le sait mieux que quiconque. Mais son explication conserve le mérite de rendre compréhensibles un très grand nombre de faits accumulés par la biologie, l'embryologie, la paléontologie, l'anatomie comparée, la biogéographie, etc. « Il est évident que ces faits et beaucoup d'autres ne peuvent s'expliquer que par la supposition que les espèces se modifient graduellement » (*Correspondance*). Simplicité, puissance explicative, caractère logique et rationnel, conformité avec les faits connus : l'évolution par sélection naturelle forme un cadre théorique qui ne va cesser de s'imposer sans cesse davantage à toute la pensée biologique moderne.

Et voilà ! Aujourd'hui, tout cela se retrouve dans n'importe quel cours élémentaire de biologie et peut nous sembler bien banal. Pourtant ce fut une tempête lorsque Darwin, après vingt ans de réserve et de ruminations, publia *L'origine des espèces* en 1859. C'était là, en effet, une théorie absolument révolutionnaire. On peut affirmer, rétrospectivement, que toute une époque de la pensée finissait, celle où l'échelle complète des créatures était conçue comme l'œuvre absolument stable, immuable et définitive de la divinité. « J'ai l'impression d'avouer un meurtre », reconnut Darwin, qui percevait pleinement la nature scandaleuse de sa thèse par rapport aux idées traditionnelles. Ce qui a tant choqué dans la pensée de Darwin, c'est l'idée que la Vie ne réponde à aucun plan préconçu et qu'elle n'aille nulle part.

Le sacrilège était d'autant plus grand que la théorie darwinienne n'avait aucune raison de ne pas s'appliquer à l'espèce humaine autant qu'aux autres. L'homme, qui se considérait auparavant comme le joyau de la création, « conçu à l'image de Dieu », doté d'une âme immortelle et d'une raison absente chez les animaux, tombait soudain de son piédestal. Darwin estimait en effet que l'origine et l'histoire de l'humanité relevaient des mêmes causes et mécanismes que celles de tous les êtres vivants (*La descendance de l'homme*, 1871 ; *L'expression des émotions chez l'homme et chez les animaux*, 1872). C'est ce que résume bien l'adage, faux d'ailleurs si on le prend au pied de la lettre, selon lequel l'évolutionnisme professerait que « l'homme descend du singe ». L'important et le scandaleux, c'était que l'apparition de l'espèce humaine n'obéisse plus à aucun projet divin ou autre, et que les premiers hominiens aient tout simplement surgi il y a quatre ou cinq millions d'années quelque part en Afrique de façon contingente*.

Le transformisme darwinien n'avait pas seulement miné la foi en un ordre éternel des êtres, il ramenait surtout l'homme au rang d'animal, ayant seulement réussi un peu mieux que les autres. Dur coup pour notre orgueil :

Contingent : opposé à « nécessaire » ; qui peut se produire ou non ; soumis au hasard.

désormais, l'être humain était simplement le plus perfectionné des primates, inclus dans un grand arbre généalogique quelque part à côté du chimpanzé ou du gorille.

Comme le formulait récemment le biologiste Jacques Monod*, « l'homme n'est qu'un accident de la biosphère ». L'un des messages essentiels de l'évolutionnisme, c'est bien que l'humanité ne semble pas avoir été formée en fonction d'une intention spécifique et n'a pas de but ou de mission spéciale, mais qu'elle résulte de mécanismes purement naturels. Dès lors, rien ne nous suggère que nous soyons le centre de la création, pas davantage que la Terre n'est le milieu de l'univers.

À quoi pouvons-nous nous fier ? Darwin semble nous dire : à la nature et à son jeu structuré, aveugle mais efficace, fait à la fois de devenir, de hasard, d'adaptation, et d'enchaînement régulier de causes naturelles. Cela devait conduire à la représentation contemporaine du monde, qui nous enseigne que l'Univers aurait environ quinze milliards d'années, le système solaire et la Terre approximativement quatre milliards et demi, et que la vie serait apparue sur notre planète il y a plus de trois milliards d'années, les premiers organismes les plus élémentaires s'étant probablement développés à partir de la matière inanimée, grâce à divers processus physicochimiques provoqués par les circonstances particulières alors réunies (voir la fameuse expérience de Miller).

Jacques Monod (1910-1976) : biochimiste français, prix Nobel de médecine en 1965 pour ses travaux, avec ses collègues François Jacob et André Lwoff, sur les mécanismes de transmission de l'information génétique ; auteur de *Le hasard et la nécessité*, instructive synthèse sur la biologie moderne et sa portée philosophique.

Stanley Miller, alors jeune chercheur américain, réalisa en 1952 un montage de ballons et de tubes en verre où il fit circuler un mélange gazeux de vapeur d'eau, de méthane, d'hydrogène et d'ammoniac, mélange auquel vinrent s'ajouter des décharges électriques. Tout ceci était censé reproduire approximativement l'atmosphère originelle de la Terre, voici plus de trois milliards d'années. Après plusieurs jours, le liquide résultant comprenait quelques-uns des éléments de base de toute vie (dont divers acides aminés). Il devenait désormais vraisemblable que les premières formes de la vie terrestre aient pu se former spontanément et progressivement à partir de simples conditions physico-chimiques favorables.

Tous les êtres vivants qui ont ensuite peuplé la Terre (unicellulaires, pluricellulaires à corps mou, animaux à squelette, poissons, plantes, insectes, reptiles, mammifères, oiseaux, primates) en sont considérés comme les descendants. Toutes les espèces, y compris la nôtre, seraient donc issues d'ancêtres communs, par un long processus progressif de modification et de diversification dont les causes exactes, encore très discutées, ne seraient en tout cas à rechercher que parmi les processus naturels (mutations génétiques, isolement géographique, sélection naturelle, chance, etc.).

Cela dit, il faut bien voir que, contrairement aux certitudes de la foi, les sciences ne sont faites que d'hypothèses et de théories plus ou moins bien vérifiées. S'il est juste de dire que l'évolution peut désormais être considérée comme un fait bien établi, puisque c'est une hypothèse abondamment confirmée, il reste que ses causes, ses mécanismes et son déroulement laissent encore une large place à la controverse ou à l'interprétation, et qu'on n'a pas tort de parler des « théories » de l'évolution.

Ce n'est pas ce que la pensée scientifique a de moins pénible pour notre orgueil : non seulement elle nous chasse de notre piédestal d'enfants de Dieu, de centre du monde et de couronnement de la création, mais elle remplace les anciennes certitudes révélées par des hypothèses complexes, par des doutes et par un travail difficile d'investigation indépendante, de réflexion logique et d'invention intellectuelle risquée — ce qu'on appelle la recherche scientifique.

De tout cela, Darwin et la théorie de l'évolution demeurent, et sans doute pour longtemps encore, l'un des meilleurs exemples. Dans l'histoire des idées, c'est une étape cruciale sur le chemin de la modernité qui est la nôtre.

Cela étant, je voudrais terminer ce bref aperçu en signalant que Darwin peut nous inspirer deux réflexions d'ordre plus général concernant l'histoire des idées.

Premièrement, il se peut que Darwin se soit trompé sur presque tout. Dans mille ans, on sourira peut-être en évoquant son nom. De nos jours, d'éminents biologistes se battent d'ailleurs contre certaines de ses idées : qu'il suffise de nommer les Japonais Kinji Imanishi et Motoo Kimura ou l'Australien Michael Denton.

Mais cela ne change pas grand-chose pour nous, car l'histoire des idées n'a pas pour tâche première et spécifique de démêler le vrai du faux, mais simplement de dégager et d'expliquer les pensées qui ont eu une influence durable et un retentissement profond. Même si Darwin s'était trompé, son nom resterait pour longtemps dans l'histoire des idées.

Deuxièmement, le genre de présentation succincte et simplifiée que j'adopte ici pourrait vous laisser croire que les grandes idées nouvelles apparaissent brutalement et à partir de rien, comme par l'effet d'un génie sorti de nulle part. Rien n'est plus faux. Une fois que la théorie nouvelle a pris forme, on peut au contraire presque toujours lui trouver des précurseurs.

L'idée d'une transformation des espèces se rencontre ainsi chez des présocratiques grecs comme Anaximandre de Milet ou Empédocle d'Agrigente (respectivement au sixième et au cinquième siècle avant l'ère commune) ou encore chez le poète et philosophe latin Lucrèce (premier siècle avant notre ère). Au dix-huitième siècle, on pourrait nommer les Français Benoît de Maillet, Maupertuis, Diderot, Buffon — mais aussi Erasmus Darwin, le propre grand-père de Charles.

Puisque l'occasion m'en est offerte, je ne résiste pas au plaisir de vous citer ici quelques passages de l'un de mes auteurs favoris, Denis Diderot, philosophe, écrivain et encyclopédiste déjà rencontré : « Pourquoi la longue série des animaux ne serait-elle pas des développements différents d'un seul ? Le vermisseau imperceptible qui s'agite dans la fange s'achemine peut-être à l'état de grand animal. Si nous remontions à la naissance des choses et des temps, nous rencontrerions une multitude d'êtres informes pour quelques êtres bien organisés. Toutes les combinaisons vicieuses ont disparu, et il n'est resté que celles où le mécanisme n'impliquait aucune contradiction importante, et qui pouvaient subsister par elles-mêmes et se perpétuer.

« De même que dans les règnes animal et végétal un individu commence, pour ainsi dire, s'accroît, dure, dépérit et passe, n'en serait-il pas de même des espèces entières ? Tous les êtres circulent les uns dans les autres, par conséquent toutes les espèces. Naître, vivre et passer, c'est changer de forme. Tout est en un flux perpétuel. »

Ne sent-on pas là une sorte d'intuition transformiste, qui d'une certaine manière préfigurerait l'évolutionnisme de Darwin ?

Au dix-neuvième siècle enfin, il faudrait nommer au moins Jean-Baptiste Lamarck, qui élabora toute une théorie fondée sur l'hypothèse d'une hérédité des caractères acquis (*Philosophie zoologique*, 1809), ainsi qu'Étienne Geoffroy Saint-Hilaire et Robert Chambers.

Mieux même : si le cours des choses avait été différent et si Charles Darwin était mort jeune, on sait que son contemporain Alfred Russel Wallace (1823-1913) était lui aussi sur la même piste et qu'il allait en arriver séparément, dans son article de 1858 intitulé « De la tendance des variétés à s'écarter indéfiniment du type primitif », aux idées d'évolution et de sélection naturelle.

Bien sûr, on peut conclure que tout cela n'ôte rien à la grandeur de la figure incomparable de Darwin. Mais c'est sûrement un rappel utile de la nécessité de ne pas mythifier exagérément les grands auteurs, qui ont en général des précurseurs et des codécouvreurs. Une idée naît rarement de rien. Elle germe le plus souvent sur un terrain relativement favorable.

MARX ET LA RÉVOLUTION

Voir la notice historique au début de la section précédente (p. 123).

Karl Marx*, c'est certainement l'un des grands noms qui marquent le tournant de la pensée moderne dans le sens d'un refus de l'idéalisme, de la tradition, de l'autorité. Pour cet Allemand contemporain de Darwin, qui fut à la fois philosophe, économiste et homme politique (1818-1883), la réalité n'est pas l'Esprit, ce n'est pas la Raison ni l'Idée ; la réalité, c'est la matière et c'est l'histoire, l'histoire concrète dont la trame est faite de relations dynamiques entre ce qu'il a appelé les moyens de production d'une part et les rapports sociaux de l'autre, et aussi de conflits entre classes sociales antagonistes.

> *Moyens de production : ensemble des moyens matériels nécessaires à la production par les hommes des biens utiles à la satisfaction de leurs besoins. Cela comprend d'une part des éléments naturels (terre, sous-sol, forêts, matières premières), d'autre part les « forces productives » proprement dites (outils, instruments, forces motrices, machines, procédés de travail, techniques, science appliquée).*

Rapports sociaux : ensemble des liens que les hommes entretiennent les uns avec les autres sur la base de leurs activités productives ; ils concernent aussi bien l'organisation du travail, le régime de propriété (droit), les structures de distribution et d'échange (économie), que l'organisation sociale proprement dite. Ils évoluent en fonction du progrès des moyens de production.

Classe sociale : ensemble de personnes ayant en commun une même condition socio-économique, une certaine conformité de genre de vie, d'intérêts, de mœurs ou d'idéologie : classe moyenne, classe ouvrière, classe bourgeoise. D'après Marx, toute structure sociale repose, en dernière analyse, sur l'opposition entre classes sociales antagonistes (lutte des classes) : voir plus bas.

Marx pense que le philosophe doit quitter sa tour d'ivoire et se convertir à l'économie, à l'histoire, à la sociologie et à la politique — mais surtout à *l'action*. Il se place résolument sous le signe de Prométhée*, symbole antique de la révolte : « Les philosophes n'ont fait jusqu'ici qu'*interpréter* le monde de diverses manières, ce qui importe maintenant, c'est de le *transformer* » (*Thèses sur Feuerbach,* 1845).

Prométhée : personnage de la mythologie grecque ancienne, connu pour avoir dérobé le feu aux dieux afin de le donner aux hommes.

La pensée de Marx, c'est le pic du soupçon et le marteau de la critique. Voyons quelques-unes des victimes de cette entreprise de démolition révolutionnaire qu'on appelle le marxisme.

Critique de la religion

Pour Marx, la religion n'est qu'un tissu de faussetés. Les croyances religieuses portent toutes sur des objets fantastiques et illusoires, qui n'existent pas. « Dieu », comme l'a bien démontré Feuerbach dans un livre admirable

(*L'essence du christianisme*, 1841), n'est jamais qu'une projection imaginaire des humains eux-mêmes. Mais ce qui est essentiel aux yeux de Marx, ce n'est pas simplement de dénoncer les mensonges de la religion, c'est de comprendre quelle fonction ils remplissent*.

Voir le passage sur l'hindouisme à la fin du chapitre 7.

Car les idées des hommes ne naissent pas de rien, au hasard : elles sont le produit des conditions matérielles dans lesquelles ils se trouvent, et elles ne se maintiennent que grâce au rôle, souvent caché, qu'elles remplissent dans l'existence sociale réelle. En effet, « ce n'est pas la conscience qui détermine la vie, c'est la vie qui détermine la conscience » (*L'idéologie allemande*, 1846). La religion, la culture, les systèmes de pensée ou les lois sont comme de simples « superstructures » reposant sur les bases ou fondations que sont une société, un régime économique et des rapports de forces sociaux.

Pour un marxiste, il s'agit donc non seulement de démasquer les illusions religieuses, mais d'expliquer comment et pourquoi la vie réelle, c'est-à-dire la vie sociale, économique et politique, engendre le « monde à l'envers » de la religion. Car c'est alors que « la critique du Ciel se transforme en critique de la Terre, la critique de la religion en critique du Droit, la critique de la théologie en critique de la politique » (Marx).

On a souvent retenu de Marx le slogan qui affirme que « la religion, c'est l'opium du peuple. » Mais il faut bien comprendre qu'il ne signifie pas seulement que la religion est irréelle et qu'elle nous endort. Cela veut dire également que, si l'homme en vient à se fabriquer un peu de répit et de rêve pour se soulager, c'est uniquement dans la mesure où il est effectivement avili, asservi, exploité, écrasé par la vie qu'il mène dans un monde injuste et inacceptable.

Pour Marx, la véritable critique de la religion ne consiste donc pas uniquement à écrire des livres, mais aussi à travailler pour que ces situations réelles d'oppression et d'injustice disparaissent, et avec elles le besoin des compensations religieuses. Et ce dont Marx et les marxistes veulent nous convaincre, c'est que cela n'est plus du ressort de la théorie ou de la réflexion en chambre, mais de la pratique, spécialement de l'activité politique révolutionnaire.

Critique de l'idéologie

Avant d'entreprendre cette transformation, il importe cependant de voir que la religion n'est qu'un cas particulier d'un processus général de mystification à l'œuvre dans l'ensemble de la vie sociale. Marx appelle « idéologie » toute représentation illusoire par laquelle les hommes conçoivent de manière déformée leurs relations avec la nature ou la société.

Le trait commun de toutes les idéologies, c'est de masquer les causes réelles du malheur humain, causes qui sont avant tout sociales et économiques. Par là, l'idéologie sert bien les intérêts de ceux qui profitent de l'injustice et de l'exploitation.

En effet, il est facile de comprendre que les riches ont tout à gagner à ce que le pauvre soit convaincu d'idées comme : « ma pauvreté est ma faute », « il ne tiendrait qu'à moi de m'en sortir si je le voulais vraiment » et « si je n'y parviens pas c'est faute des qualités requises », donc « je mérite mon sort », de toute façon « le vrai bonheur n'est pas ici-bas mais dans l'au-delà », etc. L'« idéologie » au sens de Marx n'est pas une erreur accidentelle, c'est le résultat d'une sorte de complot social, anonyme et inévitable, au service de l'ordre établi.

Ainsi, les illusions idéologiques ne seraient pas neutres, elles favoriseraient le maintien et la reproduction des structures sociales qui profitent aux classes privilégiées. C'est pourquoi Marx pense qu'en dernière analyse l'« idéologie dominante » se révèle toujours être celle qui sert, non pas les intérêts du plus grand nombre (la masse des petites gens laborieux), mais bien ceux de la minorité des puissants, dont elle contribue à justifier la domination.

Une idée clé se trouve développée par Marx à l'occasion de ces deux critiques complémentaires de la religion et de l'idéologie en général, c'est la notion d'aliénation*. Qu'est-ce qu'être aliéné au sens sociologique et idéologique ? C'est 1°) être dépossédé de soi-même, et 2°) être dominé par quelque chose d'étranger à nous-mêmes.

Selon Marx, l'homme est d'abord un producteur et la nature humaine implique que chacun cherche à s'extérioriser, à s'exprimer et à se réaliser dans ses œuvres, en particulier

Quand nos journalistes parlent de l'« aliénation des provinces de l'Ouest », c'est naturellement de l'anglais : il vaudrait mieux traduire par frustration. *Alienation* signifie en anglais le sentiment d'être délaissé, incompris, négligé, oublié, laissé pour compte, rejeté — ce qui n'a pas grand-chose à voir avec l'aliénation dont il est question ici.

dans son travail. L'activité, c'est l'essence même de l'homme. Mais l'évolution sociale, en particulier après l'institutionnalisation de la propriété privée, a conduit à toute une série d'aliénations : les produits n'appartiennent plus au travailleur, le monde artificiel des marchandises et de l'argent s'impose à tous comme un univers étranger et inaccessible, qui nous trompe, s'insinue en nous et nous écrase.

« L'aliénation religieuse ne s'accomplit que dans le for intérieur de l'homme, mais l'aliénation économique, c'est l'aliénation de la vie réelle » (*Manuscrits de 1844*). Toutes ces aliénations ne sont pour Marx que le symptôme subjectif de l'exploitation objective et de l'esclavage socio-économique.

Si les diverses formations idéologiques traduisent ces aliénations réelles, c'est finalement parce qu'elles sont au service de la domination de l'homme par l'homme, qui prive le plus grand nombre de ses possibilités d'accomplissement personnel et de son être même.

Critique de l'économie

C'est avec l'examen de la vie économique que la critique du ciel se transforme le plus clairement en une critique de la terre et du monde réel. Pour Marx, le secret (idéologiquement bien dissimulé) de l'économie moderne, c'est que tout « profit » suppose un vol préalable. En effet, les capitalistes* n'accumuleraient pas de fortunes s'ils ne dépossédaient pas les travailleurs d'une partie de la valeur des biens que ces derniers produisent par leur sueur.

Capitaliste : propriétaire de capitaux, riche, possédant. Capital : ensemble de biens et de richesses susceptibles d'être investis en vue de la production d'un revenu.

En effet, Marx soutient que seul le travail humain crée de la valeur. Un bien comme l'eau, par exemple, très utile mais qui ne nécessite pas (ou guère) de travail, n'a presque pas de valeur marchande. À l'inverse, un autre bien comme le diamant, inutile mais qui exige énormément de travail, possède par contre une valeur très élevée. Le fétichisme* de la marchandise et de l'argent déjà dénoncé par Marx se double donc d'une sorte d'esclavage salarial, qui est le fondement de tous les malheurs de nos sociétés.

Fétichisme : culte exagéré d'une entité investie de pouvoirs imaginaires.

Le concept central de la démolition marxiste de l'économie libérale, c'est donc la notion de *plus-value**, cette partie de la valeur des marchandises produites que le capitaliste garde pour lui au lieu de la remettre aux ouvriers. Marx soutient que le travailleur ne reçoit en salaire que ce qui est socialement indispensable à l'entretien de sa vie, de sa santé, de sa famille et de ses capacités physiques ou mentales de travailler. Or, c'est là *moins* que la valeur de ce qu'il produit. La différence, c'est ce qu'on appelle pudiquement le « profit ».

Plus-value : se prononce « pluvalu » (et non « plussvalu »).

L'importance de ce bénéfice est limitée non seulement par ce qu'il faut payer au travailleur, mais aussi par la concurrence. Les entreprises cherchent donc à éliminer ce facteur en absorbant leurs concurrents et en formant des trusts, monopoles ou cartels, avec pour résultat une concentration croissante de la propriété entre un petit nombre de mains, ainsi qu'un accroissement de la classe des salariés qui ne possèdent pas grand-chose.

La conséquence de tout cela, pour le marxisme, c'est la tendance historique à une polarisation entre deux classes sociales, c'est-à-dire entre deux groupes définis essentiellement par leurs positions respectives dans le processus de la production : dans le cas de la société industrielle moderne, d'un côté les capitalistes et de l'autre les travailleurs salariés.

L'histoire humaine, c'est pour Marx l'histoire de la production, du travail et de l'économie, donc avant tout, celle de l'opposition et de l'affrontement entre des classes sociales inégales (esclaves contre maîtres, paysans contre bureaucraties impériales, serfs contre seigneurs féodaux, prolétaires contre capitalistes). Le conflit et la dynamique de ces forces antagonistes deviennent la clé de l'analyse du passé humain : « L'histoire de toute société jusqu'à nos jours, c'est l'histoire de la lutte des classes » (*Manifeste du parti communiste*, 1848).

Serf : se prononce « sèrfe », contrairement à cerf qui se dit « sèr ».

Critique de la politique

La pensée libérale ou « bourgeoise » professe que l'État est une institution neutre et bienveillante, qui par définition serait au service de l'intérêt général. La société est alors présentée comme formée de citoyens juridiquement égaux qui, tous ensemble, constituent un peuple essentiellement uni dans les mêmes intérêts, au service desquels se trouve le pouvoir de l'État, simple dépositaire et gardien du bien commun.

Marx dénonce cette théorie comme une falsification idéologique. À ses yeux, le pouvoir d'État révèle sa vraie nature lorsqu'il envoie l'armée ou la police tirer sur les grévistes ou les manifestants : il s'agit d'un appareil répressif au service de la domination d'une classe sur les autres. Le citoyen, égal en principe à tous les autres, n'est qu'une abstraction, un mythe absolument étranger à l'homme concret, qui s'y voit dépouillé de sa vie réelle comme producteur et comme exploité. L'idéologie libérale de la démocratie formelle représenterait donc une aliénation politique correspondant aux autres aliénations déjà rencontrées. Le renversement de l'État bourgeois serait, par conséquent, la condition de toute entreprise de désaliénation.

La révolution

Chez Marx, toutes ces analyses critiques débouchent sur un programme politique radical. Il faut mettre un terme, une fois pour toutes, à l'oppression et à l'exploitation de l'homme par l'homme. Le capitalisme contient les germes de sa propre destruction. Toute classe dominante doit être supprimée.

Pour ce faire, il ne reste qu'à exproprier les expropriateurs, à supprimer les rapports traditionnels de possession des richesses, donc à remettre la propriété des moyens de production (mines, usines, manufactures, transports, services) entre les mains des travailleurs eux-mêmes.

D'après Marx, cela ne se fera pas en douceur. Dans presque tous les cas, on peut prévoir que les riches vont tenter de s'accrocher au pouvoir par la force. Les travailleurs doivent donc s'organiser en un parti révolutionnaire prêt à se battre pour conquérir l'État. Une fois qu'il aura gagné, « le prolétariat utilisera sa domination politique pour arracher peu à peu le capital à la bourgeoisie, pour centraliser tous les instruments de production entre les mains de l'État, c'est-à-dire du prolétariat organisé » (*Manifeste*).

Du point de vue marxiste, l'émancipation des travailleurs ne peut être l'œuvre que des travailleurs eux-mêmes. Leur mission, c'est de faire sortir l'humanité de la « préhistoire » que représenteraient l'aliénation et la division en classes antagonistes. Un monde nouveau, celui du socialisme, s'offrirait à nous, dans lequel il n'y aurait plus de classes, plus de religion ni même, un jour, plus d'État — plus d'oppresseurs ni d'opprimés. Au lieu de nous exploiter les uns les autres, nous pourrions ainsi créer tous ensemble une société où la mise en valeur des richesses serait accomplie dans l'intérêt commun et où l'administration des choses remplacerait le gouvernement des hommes.

« De chacun selon ses capacités, à chacun selon ses besoins », tel serait le mot d'ordre de cette nouvelle société sans classes que Marx appelle le communisme. En se libérant, la classe ouvrière libérerait ainsi l'humanité tout entière, réalisant un ordre mondial fondé sur la prospérité matérielle et la justice sociale.

Le message de Marx est sans équivoque. À quoi pouvons-nous nous fier ? À la pratique historique et politique collective. Comme

Marx l'a écrit à peu près, la vie sociale est, par essence, *pratique* : tous les mystères de la vie économique et politique trouveront leur résolution dans et par l'action.

L'influence de la pensée marxiste ne saurait être exagérée. Depuis un siècle, des révolutions ont eu lieu un peu partout dans le monde au nom de l'idéal socialiste tracé par son œuvre, des millions d'hommes se sont battus, ont souffert ou sont morts à cause de ses idées. De plus, des pays entiers ont été dominés par un système politique nouveau se réclamant de lui, à commencer par la Russie et la Chine.

Mais au lieu d'apporter la liberté, la société sans classes et la prospérité, ce soi-disant « socialisme » a le plus souvent répandu la terreur ou la tyrannie et institutionnalisé la pénurie. Les conséquences de cette aventure sont incalculables et n'ont pas fini de susciter la réflexion : il semblerait que toute idée puisse facilement se retourner en son contraire. Jésus a prêché la pauvreté et aujourd'hui le Vatican est un palais regorgeant de richesses. Marx a prêché la société sans classes mais les pays dits « communistes » ont vu naître une nouvelle classe dirigeante de bureaucrates, plus puissante et cruelle que les bourgeoisies occidentales dénoncées par le marxisme.

Tout s'est passé comme si la théorie marxienne* de l'idéologie pouvait s'appliquer à la doctrine communiste officielle elle-même : le bavardage « marxiste » n'aurait servi en fin de compte que d'instrument à cette nouvelle classe, la bureaucratie d'État, pour dominer et

« Marxien » renvoie à Marx, « marxiste » à la théorie marxiste qui n'a pas été élaborée uniquement par Marx.

exploiter le peuple des paysans et des ouvriers. Façon cruelle et dérisoire pour Marx d'avoir eu raison ! (Là-dessus, on peut encore lire avec profit : Marc Paillet, *Marx contre Marx. La société techno-bureaucratique*, Paris, Denoël, coll. « Médiations ».)

Aujourd'hui, que reste-t-il du marxisme après l'effondrement de l'empire soviétique ? Marx est-il mort une seconde fois, définitivement ? C'est peut-être un des enjeux de notre avenir. À moins que ce ne soit déjà une vieille question complètement dépassée. (Voir, par exemple, le livre récent de François Fejtö, *La fin des démocraties populaires*, Paris, Seuil.)

FREUD ET L'INCONSCIENT

« Au cours des siècles, la science a infligé deux blessures à l'amour-propre de l'humanité. La première, lorsqu'elle a montré que la Terre n'est pas le centre du monde mais un point minuscule dans un univers d'une dimension à peine concevable. La seconde, quand la biologie a frustré l'homme du privilège d'avoir fait l'objet d'une création particulière et a mis en évidence son appartenance au monde animal.

Mégalomanie : attitude caractérisée par un égocentrisme, une ambition, un désir de puissance ou un orgueil exagérés ; folie des grandeurs.

« Un troisième démenti sera infligé à la mégalomanie* humaine par la recherche psychologique contemporaine, qui se propose de montrer au Moi qu'il n'est même pas maître dans sa propre maison, qu'il en est réduit à se contenter de renseignements rares et fragmentaires sur ce qui se passe, en dehors de sa conscience, dans sa vie psychique » (Sigmund Freud, *Introduction à la psychanalyse,* 1916).

C'est une de mes citations favorites. J'en connais peu de plus éclairantes et je souhaiterais que vous la lisiez et la relisiez. D'une certaine manière, toute l'histoire des idées modernes s'y trouve résumée dans ce qu'elle a d'essentiel, à savoir qu'elle est l'histoire d'une dépossession.

Dans un premier temps, avec Copernic et ses successeurs (Galilée, Newton, etc.), la Terre s'est vue dépossédée de son statut traditionnel de nombril du monde pour devenir un simple satellite perdu dans un recoin insignifiant d'un cosmos infiniment gigantesque.

Ensuite, avec Darwin, comme nous l'avons expliqué dans les pages qui précèdent, notre espèce s'est trouvée ravalée au rang de simple rameau sur la branche des primates, et nous sommes passés du statut de « Fils de Dieu » à celui de « singe qui a réussi ».

Pour couronner le tout, Freud et sa théorie, la psychanalyse ou « psychologie des profondeurs » (jolie formule), vont nous assener le coup de grâce en nous privant de la pleine conscience de nous-mêmes. Cette subjectivité pensante, réfléchissante, autoconnaissante, dont Descartes avait fait le pilier de toute certitude, va ainsi se dérober sous nos pieds dans l'analyse freudienne.

Pour essayer d'expliquer tout cela, je prendrai ici une analogie : la surface terrestre où nous vivons nous apparaît en général comme

Sigmund Freud, médecin autrichien (1856-1939). Prononcer « freude » comme si c'était un mot français (seuls les snobs essaient de dire « zigmunt-froït » en singeant l'accent allemand). Il a connu la première guerre mondiale (1914-1918) et est mort en exil à Londres à la veille de la deuxième. Il aurait pu être l'arrière-grand-père de quelqu'un qui aurait environ quarante ans aujourd'hui : sa fille Anna, d'ailleurs, est morte en 1982. Quelques points de repère historiques : c'est l'époque de l'automobile et de l'avion, de l'eau courante et du gaz, de l'ampoule électrique et des vaccins, du béton armé et du chauffage central. Le journal La Presse *est fondé en 1881 et* Le Devoir *le sera en 1910 ; en 1899, l'armée canadienne participe à la guerre des Boers (1899-1902, conflit mené contre les Anglais par les ancêtres des Afrikaners, les actuels « Blancs » d'Afrique du Sud ; pour avoir l'air le moindrement cultivé, prononcer « bour » et non « bohère »). Les femmes n'obtiendront le droit de vote au Canada qu'en 1917. Il ne faut jamais oublier que c'est seulement vers 1920, c'est-à-dire hier à peine, que les femmes ont finalement commencé à obtenir le statut de citoyennes à part entière dans les diverses démocraties occidentales (Finlande : 1906 ; France : 1944).*

un endroit relativement confortable*, clément et vivable*. Au premier coup d'œil, et même au second, nous n'avons aucun indice qui nous permette de croire que la Terre sur laquelle nous vivons soit en fait une boule de métal en fusion, capable de détruire violemment toute vie. Superficiellement, tout semble harmonieux et habitable.

Et pourtant de temps à autre, la terre tremble, le jet brûlant d'un geyser jaillit, une faille profonde se creuse, un volcan crache le feu et toute vie est balayée à la ronde par les laves. Les apparences étaient trompeuses : le calme de la surface nous cachait des forces ter-

Confortable se dit des choses et non des gens ou des idées : on ne dira pas « je suis confortable » (à moins que quelqu'un soit assis sur vous...), mais « cette chaise est confortable ».

Viable : qui est capable de vivre ; vivable : où l'on peut vivre.

ribles, dormantes dans les entrailles profondes de la terre.

Eh bien, Freud nous enseigne que notre esprit est pareil. Nous croyons nous connaître. Nous avons une personnalité, des sentiments, des habitudes et des pensées, tout un petit monde intérieur relativement tranquille, dans lequel nous pouvons aller et venir chaque jour, avec un sentiment paisible de compréhension et de déjà vu.

Freud nous assure que c'est une illusion. La vérité est que nous ne connaissons que la surface de nous-mêmes, et qu'elle n'est qu'une petite partie de notre être. À l'intérieur, ou derrière (si l'on peut employer ce langage imagé), aussi inapparent que le noyau brûlant du globe terrestre, il y aurait selon Freud tout un monde de forces secrètes qui grouillent et agissent sans que nous nous en doutions. La conscience ne serait, en quelque sorte, qu'une mince couche extérieure de notre vie psychique.

De même que la croûte terrestre, qui pour nous représente tout notre milieu de vie, n'est en vérité qu'une fragile pellicule de lave refroidie flottant sur un magma bouillant, de même ce que nous appelons Moi ne serait qu'un écran léger, « refroidi » par l'éducation et l'adaptation à la réalité extérieure, sous lequel se dissimulerait de la matière psychique en fusion.

Ce qui pourrait nous révéler et nous confirmer cette incroyable nouvelle, ce sont les geysers, les volcans et les tremblements de terre de nos esprits : cauchemars, impulsions incontrôlables, obsessions, délires, folies. Nous aimons nous dire que nous sommes transparents à nous-mêmes et maîtres de notre destin. Mais Freud nous dit que c'est faux.

Comment en est-il arrivé là ? Il était médecin, nous dirions aujourd'hui psychiatre. En quelque sorte, spécialisé dans l'observation de ces « geysers », « volcans » et « tremblements de terre » du corps et de l'âme humaine auxquels je viens de faire allusion. Ces aberrations du comportement humain lui paraissaient difficilement explicables, jusqu'à ce qu'il ait l'idée que tout deviendrait compréhensible si l'on supposait l'existence, d'une part, d'un magma psychique caché, qu'il baptisa du nom naïf et révélateur de « Ça » inconscient (ou plus simplement, « l'Inconscient »), et d'autre part, d'une formation superficielle (plus ou moins réussie et solide selon les personnes) qu'il appela le Moi conscient.

À la naissance, le petit animal humain est doté d'une sorte d'énergie vitale, il est habité par des vecteurs énergétiques (ou instincts) primitifs dont les plus fondamentaux sont l'agressivité et la sexualité. Que cela nous plaise ou non, tel est notre magma psychobiologique de base : il est brûlant ou en fusion, comme celui de la Terre, en ce sens que toutes ces pulsions spontanées ne peuvent qu'être incontrôlées, sauvages et potentiellement violentes. C'est pourquoi l'enfance est si importante dans la théorie de Freud : c'est l'époque où l'éducation et le langage, le discours des

Topologie : forme de structure organisée dans l'espace. Ce mot désigne aussi la branche des mathématiques qui étudie de telles structures. Employé ici en un sens figuré (et non pas rigoureux).

adultes et les modèles socio-affectifs, l'ordre culturel, la loi familiale ou collective ainsi que l'épreuve de la réalité objective face à laquelle on doit tant bien que mal s'ajuster, « refroidissent » et surtout *structurent* une partie de notre lave bio-psychique originelle, pour finir par nous constituer en tant que sujet humain doté d'une sorte de topologie* mentale, comprenant en particulier un Moi construit et une personnalité consciente relativement disciplinée, socialisée, logique et rationnelle — du moins en apparence.

Les impulsions primitives et intenses se trouvent alors « refoulées à l'intérieur », derrière cette « croûte » protectrice. Lorsque, par l'effet de l'ordre symbolique et de la loi humaine, l'entreprise éducative et formatrice du Moi est accomplie, ces forces cachées ne ressortent presque plus de façon directe. Mais quand, pour diverses raisons, l'opération de refroidissement et de structuration est imparfaite ou ratée, alors c'est le risque de la névrose ou de la folie.

Ordre symbolique : univers, structuré et collectif, du langage et de tous les signes, symboles, noms, marques, traces ou images, qui est à la base de la culture.

Névroses : troubles psychologiques caractérisés par certains désordres limités (angoisses, obsessions, etc.) n'allant pas jusqu'à la perte du sens du réel ni de l'identité personnelle, comme c'est le cas dans les psychoses où les fonctions mentales sont altérées (délire, démence, etc.).

Dans tous les cas, d'après la théorie psychanalytique, les impulsions réprimées persistent sous forme de désirs inconscients durant la vie adulte : ce qui a été refoulé n'en continue pas moins d'exister et de faire pression de l'intérieur sur la personnalité consciente, laquelle n'est qu'un terme parmi d'autres dans une structure complexe incluant l'inconscient.

> *Refoulement : phénomène inconscient de défense psychologique, par lequel le Moi repousse (refuse, rejette) une idée ou une pulsion, en particulier sexuelle ou agressive, dont l'expression ou la manifestation dérangerait la personnalité consciente, ainsi que les valeurs et principes de la morale et de la société.*

> *Lapsus : emploi involontaire d'un mot à la place d'un autre. Acte manqué : action révélatrice d'une intention autre que celle consciemment poursuivie par le sujet.*

> *Fantasme : scène, image ou idée produite par l'imagination et dans laquelle une personne se réfugie pour fuir la réalité ou s'approcher de la réalisation de ses désirs.*

Pour l'oreille et l'œil exercés du psychanalyste, tout ce qui nous paraît étrange et incompréhensible dans nos propres vies — les rêves, les lapsus, les obsessions, les oublis, les actes manqués, les fantasmes, les silences, les manies et les bizarreries de caractère de chacun de nous (sans parler des symptômes du névrosé ou du fou) — sont comme un langage secret, un texte crypté* ou un message en code, dans lequel s'inscrit indirectement l'histoire conflictuelle des rapports entre notre inconscient (le Ça), notre personnalité (le Moi), nos instances

Crypté : rendu incompréhensible. Décrypter : traduire, rendre compréhensible.

intériorisées de contrôle (le Surmoi) et notre subjectivité (le Je).

> *Surmoi : partie de la structure psychique d'une personne, formée par l'intériorisation des exigences ou interdits parentaux et sociaux, source des sentiments de culpabilité ; conscience morale.*

En un sens, on peut donc dire que, d'après Freud, nous sommes tous les anciens combattants de notre enfance, dont nous exhibons sans le savoir les cicatrices psychiques. Pour la psychanalyse, nous avançons dans la vie comme des somnambules, qui ne savent pas réellement ce qui les guide ni où ils vont. Seul le « psychologue des profondeurs » pourrait apprendre à déchiffrer (en partie ?) nos secrets, dont le vrai nom est *désir*. Le mental, le psychique, l'esprit, ce n'est jamais que le corps vécu de l'intérieur, dont la substance est faite d'instincts biologiques, d'énergie vitale, de besoins physiques, de demande d'amour et de travail de structuration symbolique.

Par exemple, c'est ainsi qu'à force d'analyser et d'interpréter le langage inconscient de ses patients, le brave docteur Freud en est arrivé à la conclusion, absolument scandaleuse pour le bon sens raisonnable de l'adulte normal, qu'étant petits nous avons tous non seulement désiré faire l'amour avec notre parent du sexe opposé au nôtre mais, pardessus le marché, eu envie de nous débarrasser de l'autre parent dont nous étions jaloux. C'est ce qu'on appelle l'Œdipe, ou le complexe d'Œdipe*. Partout, derrière les symptômes des

Œdipe : devrait se prononcer « édipe », mais la forme fautive « eudipe » est fréquente dans l'usage contemporain. Du nom d'un personnage de tragédie grecque qui finit, sans le savoir, par coucher avec sa mère et par tuer son père, à la suite de péripéties compliquées.

névrosés, le psychanalyste retrouve la sexualité et la violence. Naturellement, il n'en fallait pas plus pour que Freud passe, aux yeux des bien-pensants, pour un dangereux obsédé sexuel.

À quoi pouvons-nous nous fier ? Au corps désirant et parlant, répond Freud. La psychanalyse, c'est tout à la fois une psychologie des corps et une biologie des esprits. En tant que corps, nous sommes d'abord une boule d'énergie bio-psychique en fusion, après coup recouverte, occultée, canalisée et protégée par une mince couche de conscience, de logique et de rationalité. Nous sommes ainsi faits que nous sommes portés à croire (ce qui, d'après Freud, est complètement faux) que ce Moi superficiel serait le *tout* de notre personnalité.

C'est peut-être aussi bien ainsi. Mais la vérité est tout autre : le *désir inconscient* est la matière première et la force centrale de nos vies. Nous ne sommes pas ce que nous croyons que nous sommes. Nous sommes au contraire ce que nous ne voulons pas dire ; ce que, même, nous affirmons avec véhémence *n'être pas* : désir de sexe et de vie, mais aussi désir de destruction et de mort — Éros* et Thanatos*.

Éros : divinité grecque de l'amour, symbole du désir sexuel (cf. « érotique »).

Thanatos : la mort.

Mais notre corps, nos gestes et toute notre vie parlent pour nous — du moins pour qui sait lire le langage symbolique, indirect et énigmatique de l'inconscient.

Bien entendu, comme avec Darwin et l'évolution, on pourrait soutenir que l'idée d'inconscient n'est pas nouvelle. On citerait probablement les noms de Platon, Leibniz,

Schopenhauer ou Dostoïevski. Pour ma part, s'il s'agit de jouer encore une fois au petit jeu instructif des précurseurs, j'aimerais nous ramener à mon cher Diderot. Quoi de plus freudien que ces quelques passages :

« Il y a un peu de testicule au fond de nos sentiments les plus sublimes et de notre tendresse la plus épurée.

« Si le petit sauvage était abandonné à lui-même, qu'il conservât toute son imbécillité, et qu'il réunît au peu de raison de l'enfant au berceau, la violence des passions de l'homme de trente ans, il tordrait le cou à son père et coucherait avec sa mère.

« Supposez qu'un enfant eût à six semaines l'imbécillité de jugement de son âge et la force d'un homme de quarante ans, il est certain qu'il frappera son père, qu'il violera sa mère, qu'il étranglera sa nourrice, et qu'il n'y aura nulle sécurité pour tout ce qui l'approchera. »

Joli, non ?

Sachez enfin que, bien entendu, Freud et la psychanalyse n'ont pas que des partisans. Beaucoup de psychiatres ou de philosophes ont attaqué l'ensemble de la doctrine, dans laquelle ils ne voient qu'une scolastique* et une mythologie. (Cf. par exemple : Pierre Debray-Ritzen, *La psychanalyse, cette imposture*, Paris, Livre de Poche, n° 9711.) Mais arrivé à ce point, ce sera à vous de tenter de vous forger votre propre opinion.

Scolastique : se dit d'une doctrine creuse et rigide, enfermée dans un vocabulaire abstrait et desséché.

Ainsi prend fin ce trop expéditif tour d'horizon de l'âge moderne. De Machiavel à Freud, ce qui s'est accompli de façon assez révolutionnaire, c'est une œuvre intellectuelle de désenchantement du monde, caractérisée par l'éloignement progressif par rapport au surnaturel, la conversion à l'objectivité et au réalisme, ainsi que l'entrée (irréversible ?) dans l'ère du soupçon et de la critique des illusions.

Quoi qu'il arrive, rien ne sera plus jamais comme avant.

Troisième partie

LES IDÉES D'AUJOURD'HUI

À tort ou à raison, j'ai pensé qu'il serait vain de tenter d'étudier ici, même superficiellement, quelques philosophes dits contemporains. D'ailleurs, je suis de ceux qui croient que la philosophie, dans l'ensemble, a connu au vingtième siècle un enlisement désolant dans la logomachie* et un éloignement par rapport aux progrès des connaissances, l'un et l'autre tellement fatals qu'elle mérite à peine qu'on s'y intéresse — à moins d'être un professionnel de la chose. En émettant une opinion aussi énorme, notez bien, je n'engage que moi, et je sais que mon jugement là-dessus est extrême et tout à fait marginal.

Logomachie : bavardage prétentieux et vide, qui se perd en vaines querelles sur des mots creux.

Pourtant, si j'osais, j'irais même plus loin : je pense que le vingtième siècle, *mis à part les grandes idéologies sociopolitiques,* n'a rien produit de vraiment neuf et important dans le domaine des idées en dehors de la pensée scientifique (les mathématiques nouvelles, Einstein et la relativité, la théorie quantique, la chimie moderne, l'astrophysique et la cosmologie, la biologie moléculaire, les neurosciences, ainsi que les diverses sciences humaines en plein développement : sciences cognitives, linguistique, psychologie, nouvelle histoire, sociologie et ethnologie, économie, etc.). Tout le reste n'est guère, à mon humble — et très minoritaire — avis, que répétition et variations, soit sur de l'ancien (l'esprit, Dieu, la tradition) soit sur du nouveau datant du siècle dernier (freudo-marxisme, théorie critique, etc.).

Mais là n'est pas la question. Il me suffirait de dire que les choix sont plus risqués et plus incertains lorsqu'on se rapproche du présent. Il devient presque impossible de savoir ce qui est essentiel et ce qui ne l'est pas en cette matière : il n'y a pas si longtemps, on vous aurait parlé avec emphase de l'existentialisme de Sartre et Camus, ou encore des structuralistes (Lévi-Strauss, Lacan, Foucault et autres), ou bien du marxiste Louis Althusser et son groupe, autant d'écoles qui sont toutes déjà relativement passées de mode ou oubliées. C'est peut-être une raison suffisante pour s'abstenir prudemment.

Pour en avoir le cœur net, j'ai récemment demandé à quelques collègues de faire, en guise de jeu de société, la liste des cinq ou dix plus grands philosophes du vingtième siècle. Nous en sommes arrivés, péniblement et sans enthousiasme ni unanimité, aux noms que voici : Freud, Dewey, Husserl, Russell, Wittgenstein, Adorno et Sartre. Parmi les candidats suivants figuraient des auteurs comme

Bergson, Hartmann, Moore, Cassirer, Berdiaeff, Carnap, Whitehead, Teilhard de Chardin, Jaspers, Ryle, Heidegger, Lukacs, Popper, Marcuse, Austin, Strawson, Quine, McLuhan (le seul Canadien), Habermas et Foucault, ainsi que les deux premières femmes : Simone Weil et Hannah Arendt. (Pour savoir, si vous y tenez, qui sont la plupart de ces gens, prière de consulter un bon dictionnaire des noms propres, tel le *Petit Robert 2*, ou un dictionnaire de philosophie.)

Dans l'ensemble, mis à part Freud dont nous avons parlé plus haut, de tels penseurs m'ont paru à la fois moins importants que ceux rencontrés jusqu'ici, et en même temps d'une difficulté dépassant le niveau que je me suis fixé, ce qui m'a confirmé dans la résolution de m'orienter plutôt dans une autre direction.

En effet, je crois qu'il est bon de se rappeler que l'histoire des idées n'est pas seulement l'histoire des philosophies, mais aussi celle des pensées politiques et des grandes doctrines sociales. À cet égard, un petit panorama de quelques-unes des grandes familles d'idées qui ont dominé notre siècle m'a paru s'imposer comme une excellente manière de compléter ce bref tour d'horizon. Cela reflétera d'ailleurs assez bien la conviction répandue, et d'après moi tout à fait justifiée, selon laquelle le vingtième siècle, outre celui de l'explosion scientifique et technique, aura été avant tout (pour le meilleur et pour le pire) *le siècle des idéologies*.

Naturellement, cela implique un changement assez radical de ton et de perspective. C'est pourquoi cette dernière partie est en apparence fort éloignée des précédentes. Au lieu d'aborder des auteurs individuels et des questions de principe (philosophiques, scientifiques ou religieuses), nous allons y rencontrer des formes de pensée plus collectives et plus orientées vers les valeurs et les choix de société. Il s'agit encore de « grandes idées », mais elles sont peut-être, en partie au moins, d'une autre espèce, quoique également importantes.

De plus, leur présentation sera passablement différente elle aussi. Voici quelques années, la lecture d'un petit traité du politologue américain Carl Cohen (*Four Systems*, Random House, 1982) m'a inspiré le projet de rédiger pour quelques-unes des grandes idéologies, à des fins pédagogiques, un court plaidoyer imaginaire en forme de pastiche*, certes fort simplifié mais aussi clair et succinct que possible. Des collègues et amis ont participé à cette entreprise: Marie-José Daoust a écrit sur le féminisme, Jean-Claude Martin sur le libéralisme, François Charbonneau sur le socialisme et Raymond Fredette sur l'écologisme. En toute rigueur, ils sont donc les coauteurs de cette dernière partie, et je tiens à les remercier de m'avoir permis d'utiliser librement des textes qui, du moins à l'origine, n'étaient pas destinés à la publication. Sans leur contribution, les pages qui suivent n'auraient pas été ce qu'elles sont. Bien entendu, je

Pastiche : œuvre qui imite ou évoque le style et la manière d'un auteur ou d'une école.

demeure seul coupable pour les défauts ou erreurs qui s'y seraient glissés, puisque j'ai pu réviser ou modifier le tout à ma façon.

Ainsi, afin de faire un peu changement, je vous propose d'aborder à présent quelques grands courants d'idées sous la forme de ces huit textes, qui cherchent simplement à condenser de manière accessible les principales positions de chaque école de pensée. En les lisant, vous devriez voir se dégager une sorte de petit portrait-robot de ces doctrines, que je présente en y ajoutant quelques brefs commentaires introductifs.

Bien sûr, vous allez peut-être trouver que ce livre est de moins en moins drôle. Déjà dans les derniers chapitres, la gravité l'emportait de plus en plus, je dois bien le reconnaître. Vous avez sans doute fini par comprendre que j'étais plus sérieux que je ne voulais le laisser voir au début et que mes tentatives d'humour initiales n'étaient qu'un piège pédagogique grossier. J'avoue tout : je plaide coupable.

Pourtant, il n'est pas si sûr que les textes que vous allez lire soient totalement dénués d'ironie. Certes, le côté comique est de moins en moins évident. Mais si vous vous souvenez que ces textes sont des pastiches, il se pourrait que vous ayez quand même ici et là l'occasion de sourire un peu. Songez, par exemple, qu'au nom de ces idéologies, le plus souvent biaisées, excessives ou caricaturales, les hommes n'ont guère cessé, depuis un siècle et davantage, de s'entre-tuer à qui mieux mieux. L'humour noir n'est-il pas encore de l'humour ?

Quoi qu'il en soit, j'insiste pour qu'on se comprenne bien sur le point suivant : tous ces textes ne sont que des faux, entièrement fabriqués (ils sont même signés chacun par un auteur totalement fictif). N'oubliez donc pas qu'ils ont été composés expressément dans le but, sinon de caricaturer, du moins de grossir les positions concernées en faisant bien ressortir certains de leurs traits les plus représentatifs. Ce sont d'ailleurs, dans plusieurs cas, des assemblages d'emprunts, des collages de citations à peine déguisées provenant d'un peu partout, bref, de semi-plagiats avoués et conscients. De plus, en les examinant d'un peu près, on y découvrirait assurément quelques invraisemblances ou anachronismes. Si vous êtes étudiant, n'allez surtout pas les citer dans votre prochain travail comme s'il s'agissait d'authentiques documents d'époque, réellement écrits par de véritables auteurs !

Un dernier conseil : essayer de les lire tous les uns à la suite des autres risquerait d'être fastidieux, voire même de provoquer chez vous une violente indigestion mentale. Choisissez plutôt ceux qui correspondent à une plus vive curiosité de votre part (ou à un travail à faire) et lisez-les à petites doses, quitte à revenir plus tard à ceux que vous auriez négligés.

Ne perdez pas de vue que ces divers courants d'idées n'ont pas une existence séparée. Ils ne vivent pas dans un isolement complet les uns par rapport aux autres. Ils ont des relations entre eux. Mais il n'en sera pas question ici. À vous, donc, de les découvrir. Parfois, cela ne semble pas bien difficile : vous conclurez facilement que le conservatisme s'oppose à l'anarchisme ou le fascisme au socialisme.

Par contre, les choses peuvent aussi se révéler un peu plus compliquées qu'il n'y paraît de prime abord. On pourrait, par exemple, être tenté de croire que le nationalisme s'apparente au fascisme — et pourtant il a souvent été (avec plus ou moins de succès à long terme) combiné au socialisme. Pareillement, il serait tentant de juger que le libéralisme est proche parent de l'anarchisme, mais sans que cela n'exclue un rapprochement entre anarchisme et féminisme, ou entre socialisme et anarchisme.

En un sens, l'une des leçons de l'histoire des idées, c'est peut-être que toutes les combinaisons, même les plus inattendues, aussi illogiques ou contre nature qu'elles puissent nous apparaître, sont parfois possibles. C'est un sujet de méditation que nous laisserons à votre réflexion.

10

Le nationalisme

Le nationalisme est la doctrine selon laquelle l'humanité serait constituée de différents groupes formant des communautés politiques appelées nations, ayant chacune une origine et un patrimoine propres, la conscience de son unité et la volonté de vivre en commun. Cette idéologie revendique pour toute nationalité le droit de former un État. Elle s'accompagne d'une attitude consistant à exalter le sentiment d'appartenance nationale et à cultiver un attachement passionné pour sa propre nation, pouvant même aller parfois jusqu'à la xénophobie.*

Xénophobie : antipathie et hostilité à l'égard de ce qui est étranger.

Le nationalisme compte de nombreux représentants depuis le dix-neuvième siècle (par exemple Fichte, philosophe allemand, 1762-1814, auteur du Discours à la nation allemande, *1807), et son rôle dans l'histoire du vingtième siècle est considérable. Dans le monde francophone, on pourrait citer Maurice Barrès (*Scènes et doctrines du nationalisme, *1902) et Charles Maurras* (Mes idées politiques, *1937) pour la France. Au Québec, il faudrait mentionner au moins le chanoine*

*Lionel Groulx (*L'appel de la race, *1922 ;* Notre maître le passé, *1924-1944).*

Pour des raisons historiques compréhensibles, le nationalisme est omniprésent dans la culture québécoise, où il constitue le noyau dur de notre « political correctness» *locale — au point que personne ne relève le fait, ce qui en représente la meilleure confirmation. (Malheureusement, le deuxième article de foi de notre vulgate PC n'est autre que la xénophobie anti-amérindienne, tant il est vrai que deux nationalismes sur un même territoire ne sauraient cohabiter aisément.)*

> *Political correctness (ou PC, politically correct) : expression américaine, passée dans le jargon médiatique, qui désigne un phénomène de conformisme idéologique ou d'orthodoxie politique implicite, répandu dans des milieux recherchant une influence (étudiants, journalistes, intellectuels, artistes, activistes), largement diffusé par leur intermédiaire dans le grand public, accompagné d'un vocabulaire convenu (langage PC) et d'une pression sociale réprobatrice à l'encontre de quiconque s'en écarte.*
> *Aux États-Unis, le PC est d'abord un mythe polémique, accrédité par des conservateurs dans le but de dénoncer la prétendue mainmise des progressistes de gauche (les « libéraux ») sur l'opinion et les médias. Ainsi, ce PC américain serait systématiquement pro-minorités, en particulier pro-autochtones. Nos journalistes ont transposé ce modèle, qui pourtant s'applique bien mal ici, où les pro-amérindiens ne sont qu'une poignée, dénuée du moindre crédit.*

VIVE NOTRE VRAIE PATRIE

Je soutiens qu'aucune doctrine politique n'est aussi conforme à la nature humaine, et donc aussi instinctive, que le nationalisme. En effet, quoi de plus spontané que le sentiment intime d'appartenir à une communauté ethnique vivante, réunie par une origine commune et fondée sur l'attachement à une même terre et à un patrimoine historique, linguistique et culturel commun ?

Les autres idéologies politiques, comme le libéralisme ou le socialisme, sont presque toujours tributaires de constructions intellectuelles artificielles et abstraites. Le nationalisme, au contraire, repose sur une assise affective profonde, sur des émotions vécues et des sentiments concrets. *« Mon pays, mes amours »* : chacun n'aime-t-il pas sa propre patrie d'une affection spéciale et ne la préfère-t-il pas, fût-ce en secret, à toutes les autres ?

C'est ce qui fait notre force et nous confère une légitimité sans égale : qui dit nationalisme dit d'abord appel du cœur, appel à ces instincts innés où l'individu se retrouve dans sa famille, dans sa race, dans la langue et la culture de ses ancêtres. Du reste, quelle politique fructueuse à long terme pourrait être fondée sur autre chose que sur une telle base de sensibilité réelle à l'intérêt national ?

Voilà pourquoi notre principe premier, qui relève tout simplement de l'observation empirique, est que l'individu ne se suffit jamais à lui-même. Nous sommes tous appelés à nous reconnaître et à nous dépasser dans une collectivité qui nous domine par la taille, la puissance et la valeur, et dans laquelle nous trouvons notre identité. Car la vie ne crée pas la société à partir des individus ; elle forme plutôt les individus à partir de cette réalité historique et culturelle que constitue un peuple. Un être humain n'est pas si simple qu'on pourrait le croire : c'est un ensemble complexe, composé de diverses traditions qui l'imprègnent dès l'enfance et le rattachent à ceux qui ont vécu avant lui, ainsi que de nombreux sentiments l'unissant aux gens de son pays.

Isolé de tout cela, exilé hors de sa langue, de ses coutumes, de ses croyances, de sa patrie, nul n'aurait plus de racines, ni de substance, ni de place dans aucune société digne de ce nom. Il faut donc reconnaître que l'individu n'est en mesure de réaliser son potentiel, de trouver sa richesse véritable, sa fierté et son épanouissement authentiques, que dans la nation dont il est issu et grâce à elle.

À cet égard, je n'hésiterai pas à affirmer que la langue est le principal indice de l'identité nationale. Un peuple qui parle la même langue, c'est un ensemble que la nature et l'histoire ont soudé par des liens multiples et invisibles. N'est-il pas évident qu'une pareille communauté ne peut subir la présence en son sein d'un groupe important d'une autre origine et d'une autre langue sans courir un risque sérieux de dissolution, voire de disparition ?

Là où l'histoire, comme ce fut malheureusement le cas chez nous, impose à la population dominée de cohabiter durablement avec une minorité étrangère, la tolérance et le respect des droits du petit nombre ne sauraient prévaloir avant l'obtention par la majorité de toutes les garanties légitimes contre le danger d'assimilation. Si ce processus devait entraîner un retrait volontaire du groupe étranger en question, ce ne sont pas les nationalistes qui le déploreraient, comme on le conçoit aisément.

Voilà sur quel arrière-plan nos prises de position politiques doivent être comprises. J'en rappellerai seulement les grandes lignes. Nous prônons par-dessus tout l'affirmation nationale. Notre peuple doit d'abord croître, ou du moins se maintenir, au point de vue démographique. Cela suppose des mesures efficaces d'encouragement à la natalité, sans lesquelles notre survivance même serait à long terme sérieusement remise en question.

Il doit ensuite veiller à sauvegarder l'intégrité de son territoire. Mais il lui faut surtout en faire un vrai pays et en devenir pleinement maître, bref conquérir les moyens d'exercer sa souveraineté dans tous les domaines, devenir véritablement autonome et acquérir un statut de complète indépendance politique.

Car s'il existe un droit qui mériterait d'être universellement reconnu comme un véritable et authentique « droit naturel », n'est-ce pas le droit des peuples à disposer d'eux-mêmes ? Il s'agit là, en effet, d'une condition absolue pour tout le reste. Nous affirmons solennellement que chaque peuple — que ce soient les Kurdes de Turquie et d'Irak, les Tibétains en Chine, les peuples baltes en URSS, les autochtones en Amérique ou les Basques en Espagne — chaque peuple est investi d'un droit naturel et inaliénable à l'intégrité et à la dignité. Il doit donc être libre de choisir la voie de la souveraineté territoriale et politique afin de se réaliser pleinement. Pour atteindre cet objectif, chaque nationaliste sincère devrait être prêt à lutter jusqu'au bout : tant que notre nation restera brimée et dominée par une emprise étrangère, notre combat pour sa libération sera sans répit.

Notre second article de foi, c'est la préservation du patrimoine national, la sauvegarde de la personnalité collective de notre peuple, le respect des valeurs qui nous sont propres et des caractères qui nous définissent : notre langue, notre culture, nos traditions, nos mœurs et notre style de vie, notre religion, nos particularismes, notre passé et notre histoire, nos grandes figures, etc. L'éducation devrait avoir pour objectif prioritaire la transmission, la perpétuation et la mise en valeur de ce précieux héritage sans lequel nous ne serions plus nous-mêmes et cesserions d'exister.

À ce propos, compte tenu de l'importance que nous accordons à la langue et à la culture, il serait hypocrite de nier que, pour nous, le maintien sur notre territoire national d'un système d'éducation complet dans une langue étrangère (qui par surcroît est celle de notre ancien conquérant), constitue en dernière analyse une anomalie historique et une menace culturelle. Il ne fait pas de doute que sa limitation, sa conversion à notre langue, voire sa suppression à long terme, seraient pour nous la seule solution équitable.

Le troisième principe vital qui nous inspire, c'est celui de l'union nationale : l'harmonie est le meilleur moyen de garantir l'intégrité de notre communauté. Sans une réelle unité nationale, il nous serait difficile de nous protéger efficacement contre les multiples influences extérieures susceptibles de miner notre identité, de dissoudre notre cohésion et finalement de nous faire disparaître comme collectivité distincte.

Enfin, le souci constant qui devrait nous inspirer dans le secteur de l'économie, c'est celui de la grandeur et de la richesse de la nation, qui passe d'abord par la prospérité des familles et des travailleurs de toutes les couches la composant. Travail, progrès, développement, croissance, justice sociale, telles sont à notre époque les clés de la réussite collective de toute nation, et il nous faut faire le nécessaire pour y parvenir. Nous sommes parfaitement conscients de devoir relever les nombreux défis d'une économie moderne, faute de quoi notre survie culturelle serait elle-même compromise. L'intérêt national nous commande donc d'être aussi dynamiques et progressistes que possible en matière sociale et économique.

Tel est, dans ses grandes lignes, l'esprit qui nous anime et grâce auquel nous sommes assurés de gagner, au service de notre peuple, la confiance des femmes et des hommes de chez nous. N'oublions jamais que c'est le destin historique d'une collectivité entière qui est l'enjeu de notre juste campagne pour la souveraineté nationale.

Malheureusement, il est déjà temps pour moi de conclure ces trop brèves remarques. Tout au long de ce texte, vous l'avez sans doute remarqué, je me suis gardé de prononcer le nom sacré de notre chère patrie, et c'est volontairement que je l'ai fait. En effet, nous sommes actuellement les citoyens d'un État dont nous connaissons tous et le nom, et l'hymne, et le drapeau, État auquel nous payons des impôts et qui nous délivre un passeport.

Pourtant, je vous le demande de façon solennelle : est-ce le nom de cet État-là qui vous est irrésistiblement venu à l'esprit en m'écoutant ? N'est-ce pas plutôt un autre nom, celui de notre véritable nation ?

À chacun de répondre pour lui-même, et d'en tirer les inévitables conséquences politiques.

Vive notre vraie patrie !

ANTONIUS LEMSKO
Discours et Essais
Klow (1963)

11

Le féminisme

À partir du dix-huitième siècle, dans la foulée de la révolution française et de la montée du libéralisme, le féminisme a d'abord été un mouvement préconisant l'extension des droits et du rôle de la femme dans la société. Au vingtième siècle, influencé par le marxisme et se diversifiant en tendances parfois opposées, le féminisme a culminé dans la thèse radicale selon laquelle l'oppression des femmes serait source de toutes les autres inégalités, la solution consistant à réorganiser la société sur le principe de l'égalité des sexes.

*Aux dix-huitième et dix-neuvième siècles, deux des principaux précurseurs furent Mary Wollstonecraft (*Une défense des droits de la femme, *1792) et John Stuart Mill (*La soumission de la femme, *1869). Plus près de nous, on retiendra les noms de Simone de Beauvoir (*Le deuxième sexe, *1949), Betty Friedan (*La femme mystifiée, *1962), Kate Millet (*La politique du mâle, *1970) et Germaine Greer (*La femme eunuque, *1970).*

LE CREDO D'UNE FÉMINISTE

Je suis féministe. Comme la plupart de celles que je connais, je ne l'ai pas toujours été : je le suis devenue au fil de mon histoire particulière et des prises de conscience que la vie m'a imposées. Il semble qu'un tel engagement personnel et intensément vécu soit inséparable du mouvement de libération des femmes. Les idées féministes sont des idées chaudes : elles transforment profondément notre vie, provoquent une adhésion passionnée ou un rejet virulent. Le terrain est donc glissant et je voudrais, en guise d'introduction, lever deux objections courantes faites au féminisme.

Devant des propos qu'ils jugent agaçants, ou simplement parce qu'ils acceptent mal la colère de femmes, qu'ils préfèrent plus gentilles, beaucoup de gens soupçonnent les féministes de chercher à dominer les hommes et à profiter des avantages dont ils jouissent, mais sans avoir à faire les mêmes choses qu'eux pour les obtenir. Et de conclure que le féminisme n'est que du sexisme* à l'envers. C'est dommage et étonnant, car s'il est une attitude foncièrement féministe, c'est bien de tenir à l'égalité des sexes et de refuser toute domination de l'un sur l'autre, quel qu'il soit.

Sexisme : attitude discriminatoire fondée sur l'idée qu'un sexe, généralement le mâle, serait supérieur à l'autre.

En second lieu, on entend également dire depuis quelques années que le féminisme serait dépassé et aurait fait son temps. Les problèmes sur lesquels il attirait l'attention ont été pris en compte, dit-on, et sont à présent réglés ou en bonne voie de l'être. « Passons à autre chose. » Je veux bien admettre que la publicité soit un peu moins sexiste, que le type « macho » soit un peu moins populaire et qu'on accepte de plus en plus qu'une femme travaille hors du foyer.

Mais les faits sont là. À l'échelle mondiale, en 1980, les femmes constituaient 51 % de la population, effectuaient 66 % des heures de travail mais ne recevaient en retour que 10 % des revenus et ne possédaient que 1 % des entreprises. Aucun pays au monde ne compte 50 % de représentantes féminines dans ses instances législatives : les plus avancés n'en dénombrent au mieux que 30 à 40 %. Dans la plupart des démocraties libérales et après plus de cinquante ans de suffrage universel, les femmes constituent en moyenne moins de 10 % des élus. Aux États-Unis, le travail « invisible » et non payé des femmes à la maison est estimé à 40 % du produit national brut — et, soit dit au passage, on y compte environ 250 viols par jour. Au Canada, en 1980, les femmes ne gagnaient que 58 % du salaire des hommes, une progression de 4 % seulement par rapport à 1970. Deux femmes sur trois sont concentrées dans seulement dix catégories d'emploi, alors que les hommes se retrouvent dans quelque* cinq à six cents occupations identifiées par le recensement canadien. Toujours dans notre pays, on sait qu'au moins 10 % des hommes mariés battent leur épouse et que, dans 80 % de ces cas, il s'agit de femmes enceintes. Près de 70 % des personnes vivant sous le seuil de la pauvreté au

Quelque : au sens de « environ », est un adverbe invariable, donc pas de « s ».

Canada sont des femmes. Le féminisme, j'en ai bien peur, n'est donc pas dépassé.

Car tous ces faits ont besoin d'une explication. Et la seule qui soit satisfaisante, c'est que nos sociétés ont comme principe d'organisation fondamental la domination du groupe des femmes par celui des hommes, produisant ainsi non seulement l'agression contre ces dernières, leur pauvreté chronique et leur éloignement du pouvoir et des centres de décision, mais également la compétition effrénée entre les individus et entre les États, avec tous les problèmes qui en découlent et que nos gouvernements se montrent impuissants à régler, faute de saisir que *les relations entre les sexes ont un rapport avec la politique.*

Tel est le diagnostic général qui se trouve au cœur du féminisme. Il saute maintenant aux yeux de beaucoup de personnes. Pourtant, plusieurs ont d'énormes difficultés à le prendre au sérieux, comme cela a déjà été mon propre cas. C'est qu'avec les sociétés dont nous avons hérité est venue aussi une logique si ancienne qu'elle nous sert de seconde nature. Collectivement, hypnotisés par la simplicité déconcertante de cette logique millénaire, nous jugeons normales des situations où l'injustice et l'oppression devraient pourtant nous paraître manifestes.

Pour mieux saisir ce phénomène de conditionnement idéologique, il faut remonter loin. Jusqu'à Adam et Ève, par exemple. Souvenons-nous un instant du récit biblique : il nous raconte que Dieu crée le monde, puis un homme, de la côte duquel il tire ensuite une compagne, laquelle finit par manger du fruit défendu. Dieu alors les punit, réservant à chaque sexe un châtiment qui lui est propre : l'homme, chargé de s'occuper d'une terre désormais stérile, en tirera sa nourriture à la sueur de son front ; la femme, créée pour enfanter et servir de compagne à l'homme, engendrera dorénavant dans la douleur et ne pourra plus se détacher de son conjoint, auquel elle devra être soumise.

Ce récit contient deux idées principales. La première, débarrassée de ses habits mythiques, est que les sexes ne sont pas ordonnés aux mêmes fonctions. La nature les a fabriqués pour des raisons et à des fins complètement différentes, de façon qu'ils soient complémentaires, comme deux moitiés irréductibles l'une à l'autre. La vocation du mâle serait d'être le pourvoyeur, celle de la femme d'être la mère des enfants et la compagne de l'homme.

La seconde idée, c'est que les deux sexes ne sont pas égaux. Ils n'ont pas, par nature, le même statut : Ève est créée uniquement pour Adam, parce qu'il a besoin d'une compagne. En outre, elle est une créature imprévisible, volage et désobéissante. Les punitions spécifiques infligées par Dieu à chaque sexe rendent cette inégalité naturelle encore plus claire.

Qu'on ne s'y méprenne pas : cette logique ancestrale est encore présente aujourd'hui dans les esprits. On l'entend revenir sans cesse dans la théorie des différences, soi-disant naturelles et irréductibles, entre les sexes. C'est cette théorie qui est à l'œuvre chaque fois qu'on soutient que telle tâche « n'est pas faite pour une fille » et que telle autre « n'est pas un travail d'homme ». C'est elle encore qui parle lorsqu'on justifie telle distribution de rôles en soutenant que « les hommes sont plus forts », que « les femmes sont plus méticuleuses », que « les enfants ont davantage besoin des soins de leur mère » ou que « les femmes sont trop émotives pour assumer certaines responsabilités ».

Voilà autant de façons, faussement évidentes, d'en appeler à de présumées « qualités naturelles » propres à chaque sexe, pour mieux justifier l'organisation inégalitaire et discriminatoire de la vie sociale. Avec comme résultat que les femmes sont cantonnées soit à la maison, soit à la fois à la maison (où leur mari « les aide ») et dans l'une des dix occupations (sur six cents !) disponibles pour une femme.

De même, c'est la théorie de la supériorité « naturelle » de l'homme qui joue à plein lorsqu'un mari bat sa femme enceinte ; lorsqu'une femme est violée, agressée ou harcelée ; lorsqu'on rémunère moins les femmes et qu'on leur réserve les tâches les moins payées sous prétexte qu'elles ont un mari pour les faire vivre et des enfants à élever ; lorsqu'on laisse entendre que les femmes « volent les jobs » aux hommes ; lorsqu'on juge trop compliqué ou ridicule qu'une mère souhaite donner aussi son nom à ses enfants ; lorsqu'on lègue aux garçons l'entreprise familiale et aux filles les meubles ; lorsqu'on nous présente l'histoire comme si les femmes n'y avaient joué aucun rôle digne de mention, effaçant ainsi de nos mémoires jusqu'à leur nom et leur existence. Et la liste pourrait continuer.

Cette logique est arbitraire et infondée : elle est à la fois sexiste et injuste, misogyne* et patriarcale*, machiste* et phallocrate*.

Je lui en oppose une autre, celle du féminisme précisément, qui refuse de naturaliser l'inégalité et promeut au contraire un idéal moral et social de justice, affirmant que, en dehors de l'anatomie, on ne vient pas au monde femme (ni homme non plus) : on ne fait que le devenir par suite d'une inculcation* culturelle, idéologique et sociale. Là où la logique patriarcale prétend voir à l'œuvre *la nature*, il faut chercher au contraire l'invention humaine. C'est d'ailleurs parce que nous ne sommes *pas* programmés par la nature que nous devons avoir recours à l'éducation pour élever nos enfants.

Bien sûr, il serait absurde de nier que l'humanité soit biologiquement sexuée. Il y a bel et bien deux sexes aux fins de la reproduction de l'espèce. De ce point de vue précis et limité, l'homme et la femme sont différents, quoique comparables, essentiels l'un comme l'autre et égaux, même si seule la femme enfante.

Mais cette complémentarité des sexes procréateurs n'implique absolument pas qu'il existe un programme de comportement, naturel et complet, qui serait particulier à chaque sexe — en somme, un instinct masculin et un

Misogyne : qui déteste les femmes.

Patriarcale : se dit d'une organisation sociale fondée sur la puissance paternelle.

Machisme : doctrine et attitude selon lesquelles l'homme doit dominer la femme.

Phallocrate : favorable à la suprématie des hommes sur les femmes.

Inculcation : apprentissage forcé et profondément ancré.

instinct féminin englobant toute la gamme des conduites psychosociales, instinct auquel chaque sexe serait étroitement asservi et qui, de surcroît, exigerait que l'un *domine* l'autre, au point de le restreindre à une unique fonction reproductive et maternante, se réservant pour lui seul toutes les autres missions. Toutes les différences de conduite, de rôle ou d'attitude que nous observons entre les sexes résultent bien davantage des modèles produits socialement que des hormones dont nous a dotés la nature. C'est nous qui sommes responsables de nos identités, et non pas une prétendue « Nature ».

Puisqu'on ne naît pas homme ou femme au sens psychosocial, et puisque nous avons la liberté, en nous adaptant aux circonstances, de devenir ce qui nous convient, nous pouvons désormais envisager de modeler, pour l'homme et pour la femme, des rôles conformes aux valeurs qui sont les nôtres. Le féminisme trace la voie d'un avenir différent et meilleur, tant en ce qui concerne la vie des individus que celle des sociétés.

Ce qu'il nous propose, c'est d'abord de nous libérer collectivement des modèles sexistes périmés, qui ne nous conviennent plus et nous rendent malheureux. Nous aspirons tous, dans nos sociétés modernes, à devenir des personnes complètes et autonomes. Nous n'avons pas à demeurer prisonniers de modèles qui condamnent subtilement les hommes au travail, à la compétition et à la domination (même bienveillante), les femmes à la servilité et à une douceur suspecte. Les hommes n'ont pas à être privés du contact avec leurs émotions et avec leurs enfants, ni les femmes vouées à la seule satisfaction des besoins des autres, coupées de leurs désirs et des stimulations créatrices que comportent les défis de la vie contemporaine.

Hommes et femmes n'ont aucun intérêt à se fabriquer des mondes si étrangers l'un à l'autre qu'ils échouent à se comprendre et se retrouvent chacun moins humains. Tout homme porte en lui des aspects dits « féminins » et chaque femme, des aspects supposés « masculins » : les modèles sexistes nous ont amputés d'une dimension de notre humanité et condamnés à n'être qu'une partie de nous-mêmes. Ainsi tronqués, nous sommes plus facilement agressifs ou violents et nous demeurons affectivement infantiles. Amputés de « la femme » en eux, les hommes deviennent froids et insensibles. Coupées de « l'homme » en elles, les femmes se retrouvent doucereuses et craintives. Nous sommes ainsi réduits à des caricatures de nous-mêmes. Si nous pouvions cesser d'être subjugués par le fait que nous soyons d'un sexe plutôt que de l'autre, nous découvririons sans doute, en les libérant, des aspects insoupçonnés de l'être humain.

Je rêve du jour où, affranchis des vieux modèles aliénants, nous pourrons chacun et chacune nous épanouir pleinement. Où les couples connaîtront une vie plus harmonieuse et plus satisfaisante, basée sur le respect mutuel plutôt que sur l'obligation suspecte de compléter l'autre. Où l'amour ne recèlera plus, comme la pomme empoisonnée, cette guerre sournoise que des moitiés dépendantes et infantilisées s'infligent en exigeant l'une de l'autre ce qu'elles pourraient chacune se procurer à elle-même. Où des amis humains, conviviaux*, autonomes, égaux, capables de relations tendres et chaleureuses érigeront enfin des sociétés à leur image, où leurs différences seront génératrices de la solidarité et de la fraternité indispensables à la création d'une vie de meilleure qualité.

Convivialité : rapports positifs, constructifs et humains au sein d'un groupe ou d'une société.

Mais pour en arriver là, je sais qu'il faut d'abord faire reconnaître cet énoncé de la logique féministe devant lequel nos sociétés résistent peut-être le plus, à savoir que *le privé est politique*. Les femmes ont été et sont encore opprimées au sens le plus politique du terme : cette oppression, origine et modèle de toutes les autres, est un phénomène endémique dans nos sociétés patriarcales où les hommes, le système capitaliste et les valeurs occidentales sont en grande partie responsables des problèmes des femmes.

« Le privé est politique », cela signifie que ce qui circule dans l'interaction des besoins et des désirs humains, c'est toujours quelque chose qui concerne le pouvoir. Les moitiés qui s'imposent la guerre insidieuse des chantages affectifs le savent bien : le mariage d'Adam et d'Ève cache un rapport de force et, plus souvent qu'autrement, l'un des deux gagne — et là où ça compte en termes de survie économique réelle, c'est presque toujours Adam. Tel est le prix de relations ayant pour principe la domination.

On pourrait retrouver une dynamique semblable entre parents et enfants, de même qu'entre groupes dans la vie publique. Seule une analyse politique des rapports privés eux-mêmes permet de comprendre dans quelle mesure des forces systémiques* sont à l'œuvre, qui travaillent à miner ce que les femmes (ou tout autre groupe dominé) entreprennent.

Systémique : qui relève de l'ensemble et de son organisation plutôt que de choix individuels.

Mais nous ne sommes pas nés dominateurs. Rien ne nous empêche de tenter de faire circuler le pouvoir plus égalitairement dans nos relations conviviales et sociales. Il est vrai que l'égalité effective, gage de respect véritable et de tendresse dans la vie privée, condition de l'harmonie et de la paix dans la vie publique, est l'une des dynamiques de pouvoir les plus exigeantes et les plus difficiles à établir. Et pourtant, nous devrons bien finir par faire reconnaître par la société tout entière que les femmes ont développé, dans leurs conditions d'opprimées et de soumises, des modes de pensée et de vie qui ont une valeur intrinsèque et qui représentent un apport indispensable à la survie et à l'épanouissement d'une humanité plus harmonieuse et plus complète. En ce sens, on ne saurait exclure, par exemple, que l'avènement d'une véritable égalité puisse impliquer de faire reculer un peu la rationalité abstraite devant les émotions, l'objectivité devant la subjectivité, les faits devant les sentiments, la logique devant l'intuition. Il serait naïf de ne pas voir que c'est *aussi* à cela, si peu politique en apparence, que résiste (très politiquement au fond) le pouvoir mâle.

Seuls et laissés à eux-mêmes, les individus sont impuissants. « Le privé est politique », cela veut dire aussi que, pour ce qui est du milieu humain, le politique doit s'occuper du privé. Féministe, j'attends des partis comme des gouvernements que l'essentiel de leurs interventions ait pour objectifs l'abolition de la violence faite aux femmes sous toutes ses formes, l'accès équitable des hommes et des femmes au travail et la parité salariale entre eux, un accès égal pour les enfants à leur père et à leur mère, des politiques de natalités garantes de la liberté des femmes et compatibles avec l'état de nos ressources et de nos besoins, des systèmes d'éducation non sexistes, l'autonomie entière des conjoints, un niveau de vie décent pour chaque famille et enfin, une indépendance économique réelle pour celles ou ceux qui choisissent de rester à la maison.

Telles sont en effet quelques-unes des conditions concrètes de l'avènement d'une authentique égalité des sexes. Ni plus, ni moins. Une fois qu'elles seraient réalisées, le sexisme, la misogynie et l'autoritarisme patriarcal deviendraient impensables. Le milieu humain en serait en quelque sorte dépollué.

Il ne faut toutefois pas se faire d'illusions. Le patriarcat a la vie dure. Nos gouvernants subordonnent jusqu'à présent de tels objectifs à ceux qu'imposeraient selon eux les préoccupations économiques engendrées par la compétition. Ils ne croient pas vraiment que le privé soit politique. Tout au plus font-ils quelques promesses et quelques beaux discours au moment des élections pour se gagner le vote des femmes. Partis et gouvernements, énormes machines imbues de l'image du patriarche avisé, calculateur, magnanime et autoritaire, n'ont de rapports avec le privé que par le truchement de bureaucraties froides, concurrentielles, impersonnelles et hiérarchiques. Ils ont perdu contact avec les motifs intimes qui donnent son sens à la vie politique.

Mais rien de tout cela ne doit nous décourager car le patriarcat, même s'il a la vie dure, ne cesse de contribuer à créer lui-même les conditions objectives de sa propre disparition. C'est ainsi que la révolution industrielle, qui passe pour une de ses plus grandes réalisations, a profondément transformé nos existences. Or ce nouveau mode de vie coûte très cher et, depuis la deuxième guerre mondiale, les femmes, sans avoir eu à se sentir féministes, se sont trouvées dans l'obligation de sortir du foyer pour boucler le budget familial. C'est ainsi que s'est fissuré le pilier principal de l'ancien système, qui avait pour condition primordiale que les femmes restent à la maison : cette condition est désormais devenue intenable. Les femmes sont donc de plus en plus nombreuses à rendre leur tablier, et les jeunes sont de moins en moins prêtes à accepter pour elles-mêmes les perspectives de vie du passé.

Ce mouvement est irréversible. Je suis convaincue que, pour le bien de tous et de toutes, il n'a pas fini de provoquer des bouleversements dans la vie privée comme dans la vie publique. Loin d'être dépassées, les idées féministes sont plus que jamais celles de l'avenir.

ÉVA LAVIGUEUR
« Pour en finir avec la guerre des sexes »
in : Marie Latendresse *et al.*,
Paroles de femmes,
Montréal (1984).

12

Le conservatisme

Le conservatisme est l'attitude politique de ceux qui se méfient du changement, de l'innovation ou de l'évolution, et jugent plus sage de préférer les idées et les institutions du passé, qui ont subi l'épreuve du temps et de l'expérience. Un conservateur favorise donc le maintien (ou le rétablissement) des valeurs et de l'ordre social traditionnels. Il est généralement nostalgique, surtout à une époque où le changement est monnaie courante.

L'Anglais Edmund Burke (1729-1797), auteur des Réflexions sur la Révolution française *(1790), et le Français Joseph de Maistre (1753-1821), auteur des* Soirées de Saint-Pétersbourg *(1821), sont sans doute deux des représentants les plus caractéristiques de cette doctrine.*

LA PROFESSION DE FOI D'UN CONSERVATEUR

Avant d'expliquer ce qu'est le conservatisme, une remarque préliminaire s'impose : il faut distinguer soigneusement entre *idées* et *partis* politiques : je vous parlerai ici des *idées* conservatrices et non pas de tel ou tel parti (qui pourrait s'appeler conservateur mais être en fait libéral ou, à l'inverse, se baptiser républicain tout en ayant des positions vraiment conservatrices).

Contrairement aux idéologies extrémistes comme le fascisme ou le socialisme, la pensée conservatrice se caractérise avant tout par son sens de la modération et de la prudence, par son réalisme, et donc par sa méfiance devant toute forme de fanatisme qui prétendrait « changer le monde ». Le conservateur, c'est l'homme de la *tradition* vivante et bien comprise : la tradition reste en effet notre meilleur guide dans un monde imparfait et difficile, rempli d'erreurs et d'illusions, de mauvais penchants et de modes aussi trompeuses que séduisantes.

Notre premier article de foi, c'est qu'il existe un ordre supérieur dans l'univers. L'existence humaine ne peut avoir de sens que si elle est conforme à cet Ordre, que la sagesse universelle révère sous le nom sacré de Dieu. Les personnes ont été créées par Lui. Il est la Source de tout ce qui existe, le Garant ultime des valeurs éternelles et le Juge suprême de nos actions.

Pour nous, le but de la vie n'est pas le pouvoir, la richesse, les plaisirs ou la célébrité : c'est l'accord extérieur et l'harmonie intérieure avec cet Ordre véritable des choses — c'est-à-dire la *droiture*. Pour cette raison, nous considérons la religion comme un facteur essentiel à la cohésion sociale, à l'ordre moral, à la stabilité historique et même au bonheur individuel. L'homme est par nature un être foncièrement religieux, comme le démontrent toutes les grandes civilisations. Sans principes supérieurs, sa vie ne saurait être stable ni ordonnée. Des hommes sans aucune croyance en un Être supérieur seraient voués à une décadence certaine.

Les désordres de nos sociétés exagérément matérialistes en sont la preuve : déclin des valeurs familiales au profit de la recherche du plaisir, accroissement de la violence et de la criminalité, incertitudes dans les objectifs et les méthodes de l'éducation, crise des valeurs, tolérance envers des conduites dégradantes comme l'avortement, la drogue, la pornographie, etc. Autant d'atteintes à l'ordre social qui accompagnent une inquiétante montée de l'indifférence religieuse.

Tout ceci est d'autant plus vrai que l'homme est un être imparfait par nature. Laissé à lui-même, il montre sa faiblesse morale et choisit souvent de mal agir. Sans l'appui d'une référence surnaturelle, l'esprit humain est trop défaillant pour trouver un sens à la vie. L'orgueil, principal défaut de l'âme humaine, risque de l'aveugler et de le livrer à des instincts ou passions le conduisant à gâcher son existence et à nuire à autrui.

Ce caractère imparfait de la nature humaine est abondamment illustré par les excès et les violences dont l'histoire offre le triste spectacle. Cette déficience morale appelle le soutien d'une autorité suprême, que seule une certaine forme de religion peut procurer.

L'insuffisance humaine jette aussi un doute radical sur les dangereuses illusions de tous les illuminés qui prétendent faire naître, grâce à une soi-disant révolution, un « homme nouveau » (altruiste, travailleur, juste et bon, cela va sans dire). Ces délires idéologiques négligent la médiocrité humaine et finissent nécessairement dans l'horreur, comme le prouve l'exemple tragique du communisme, du Goulag* russe au génocide* des Khmers rouges*.

Goulag : camps de travaux forcés, dans l'ex-URSS communiste.

Génocide : entreprise d'extermination de tout un peuple.

Khmers rouges : mouvement politique cambodgien, au pouvoir entre 1975 et 1979, responsable du massacre de près de deux millions de personnes.

Le conservatisme, lui, reconnaît lucidement cette fragilité morale, sur laquelle il s'efforce d'être sans illusion. Il refuse donc les projets orgueilleux et pervers qui promettent de transformer comme par magie l'humanité.

La raison dont nous sommes dotés est elle-même limitée et ne peut produire que des solutions imparfaites. Elle doit s'en remettre à l'expérience accumulée, au sens pratique et aux leçons de l'histoire. Il faut tenir compte avec réalisme des limites que la nature des choses et les circonstances imposent à toute action. Les spéculations abstraites et le rationalisme théorique oublient trop facilement les contraintes de la réalité, pour se perdre dans les plans irréalisables des révolutionnaires et des rêveurs.

Pour contrecarrer cette tendance nocive, il faut insister sans relâche sur la vertu de prudence. C'est la considération pondérée des résultats qui peut seule nous guider. La théorie doit se mettre à l'école de la pratique et tenir compte de toute la sagesse déposée dans les coutumes et les croyances traditionnelles : elles nous apporteront un ordre et une sécurité réels, donneront un sens à notre vie et nous aideront à obéir aux véritables valeurs.

On doit bien comprendre d'ailleurs que la politique n'est pas la chose la plus essentielle. La vie de l'esprit, la droiture personnelle, les devoirs familiaux, une éducation qui forme la conscience morale, le sens du travail, ce sont là des choses au moins aussi importantes. Je serais tenté de dire que pour nous, conservateurs, la politique n'est qu'un mal nécessaire. Trois grands axes complémentaires orientent notre pensée à son sujet : la liberté morale, l'ordre social et le sens du devoir.

Tout homme a besoin d'être moralement autonome pour être responsable. Cette liberté fait partie de sa nature : il fait des choix, il évalue des options et il décide de ses actions. Rien n'est plus frustrant que d'être forcé par autrui de renoncer sans raison valable à notre libre arbitre*. Cependant, à cause des mauvais penchants dont l'être humain est aussi porteur, le complément indispensable de cette liberté est une autorité vouée au maintien de l'ordre public et au respect de la loi naturelle, qui sont les conditions nécessaires de l'harmonie sociale et de l'autonomie de tous. Enfin, le sens du devoir est le garant nécessaire du maintien d'une communauté cohérente et stable. Sans lui, la liberté deviendrait destructrice, les gens

Libre arbitre : faculté morale de choisir, censée échapper à toute influence de causes extérieures.

ne seraient plus capables de préférer le bien et de résister au mal. Il est à la base des qualités de caractère, du sens moral, d'un jugement sain et d'une action responsable.

La vie politique d'un peuple devrait donc être organisée de manière à préserver ces valeurs fondamentales. À cette fin, il convient avant tout que l'autorité légitime soit solidement établie et que son respect soit imposé avec sagesse et fermeté. Le pouvoir devrait toujours être confié de préférence aux meilleurs, c'est-à-dire à une élite* éprouvée, appartenant à l'aristocratie morale de la nation et formée selon les traditions les plus exigeantes. Cependant, afin d'écarter tout risque de despotisme, les dirigeants doivent rendre des comptes au peuple : il est donc indispensable que les structures constitutionnelles soient aptes à la fois à limiter la puissance des responsables et à éviter les débordements irrationnels des masses. La séparation des pouvoirs, en particulier l'indépendance du judiciaire, y contribue grandement.

Élite : ensemble des personnes considérées comme les meilleures dans une groupe ou une société. (Élitisme : politique favorisant la formation d'une élite.)

Par ailleurs, la famille et les collectivités locales sont le fondement même de la société. C'est pourquoi les conservateurs mettent l'accent sur les dangers d'une centralisation excessive des pouvoirs à la tête de l'État. Les municipalités ou les régions ont besoin de suffisamment de responsabilités pour bien gérer leurs affaires, ce qui permet de maintenir et de renforcer ces relations communautaires authentiques sans lesquelles il n'y a pas de société équilibrée et bien ordonnée.

La propriété privée mérite d'être protégée et encouragée, car elle est inscrite dans la nature des choses et rend possible pour chacun le minimum requis d'autonomie et de motivation économique. En outre, elle est essentielle à la vie familiale, qui demeure la cellule de base de la société, et elle assure aux personnes une indépendance relative face à l'État. La propriété est l'agent le plus efficace de diffusion du pouvoir économique, ainsi qu'un excellent stimulant au travail productif. La nature humaine étant ce qu'elle est (et sera toujours), les désirs d'acquérir et de posséder sont essentiels au progrès collectif et à la stabilité sociale autant qu'au bien-être individuel ou familial.

Tels sont, selon moi, les principaux piliers de l'attitude conservatrice. Quand on les a bien compris, les diverses mesures mises en avant* par telle ou telle formation politique véritablement conservatrice prennent tout leur sens (compression des dépenses gouvernementales, réduction d'impôts, déréglementation, privatisation, décentralisation, rétablissement de la peine de mort, limitation de l'avortement et de la pornographie, etc.).

Mettre en avant, et non mettre de l'avant.

La société libéralisée à l'extrême dans laquelle nous vivons en Occident a peut-être permis certains progrès dans les secteurs scientifiques, techniques ou commerciaux. Mais les coûts qui l'ont accompagnée sont trop souvent passés sous silence : les individus ont perdu le sens de la communauté et des valeurs ; ils se sentent perdus, aliénés, privés de raisons de vivre, menacés par les désordres et la violence, dépendants de pouvoirs publics lointains et anonymes.

Éthique : qui concerne la morale, les valeurs et les normes de conduite.

Le conservatisme nous propose de revaloriser nos traditions spirituelles et éthiques*. C'est le meilleur moyen pour redonner à chacun le sentiment d'appartenir à un tout social valable, de participer à un ordre digne de ce nom, et ainsi de sauver, si faire se peut, notre civilisation menacée.

Lord WESTONSMITH
Essays and Lectures
Bristol (1979)

13

L'écologisme

L'écologie, au départ une branche de la biologie, c'est l'étude des relations et des échanges entre les êtres vivants et leur milieu. Il en est résulté, à partir des années 1960-1970, un vaste mouvement international de lutte contre la pollution et de préservation des milieux naturels qu'on appelle, en politique, l'écologisme.

Cette idéologie se caractérise par une critique radicale de la croissance économique à tout prix, mais aussi de la technologie et de la science, en particulier du nucléaire (civil ou militaire). On appelle écologistes les partisans de la protection de la nature, favorables seulement à des formes de développement qui respecteraient l'environnement (les partis verts, Greenpeace, etc.).

*L'écologisme est sans doute une doctrine trop récente pour avoir déjà des classiques incontestables. Citons pourtant Rachel Carlson (*Silent Spring, *1962), Barry Commoner (*Quelle Terre laisserons-nous à nos enfants ?, *1966), le rapport du*

*MIT au Club de Rome (*Halte à la croissance, *1970) et René Dumont (*L'utopie ou la mort, *1974).*

PENSER GLOBALEMENT, AGIR LOCALEMENT

Au sommet de ma hiérarchie de valeurs, je place une qualité primordiale à mes yeux : le respect de la Vie et du vivant sur la planète Terre qui est la nôtre. Ce respect entraîne des devoirs et des responsabilités absolument fondamentaux.

Or il me semble que, jusqu'à tout récemment, l'espèce humaine a participé à l'aventure de la Vie comme s'il s'agissait d'une joyeuse et irresponsable récréation, dont je voudrais retracer tout d'abord les grandes étapes. Notre espèce est issue d'ancêtres ayant rompu voici quelques millions d'années avec leurs cousins mammifères supérieurs. Capables de marcher debout sur deux pieds, ils eurent ainsi les mains libérées pour la fabrication d'outils, ce qui contribua au développement de leur cerveau, les incitant à se socialiser au point d'apprendre à parler ou encore à maîtriser leur peur instinctive du feu.

Depuis, en tant qu'*Homo sapiens*, notre espèce a nomadisé en petites bandes de cueilleuses et de chasseurs, avec tant d'habileté qu'en l'espace de quelques dizaines de milliers d'années, nous avons envahi presque toute la planète et révolutionné notre mode de vie archaïque grâce à l'agriculture et à l'élevage.

Notre nourriture étant dorénavant domestiquée et stockable, nous nous sommes permis de devenir de plus en plus nombreux et d'inventer de nouveaux jeux : entre autres les artisanats, les villes, les commerces, les guerres, les écritures et les administrations tant civiles que religieuses. À ces jeux, le succès de nos civilisations fut tel qu'il en résulta une seconde révolution, celle de l'industrialisation, dont le bilan après moins de quatre siècles est à la fois prodigieux et terrifiant.

La médecine a vaincu la mortalité infantile — mais voilà que nous risquons d'étouffer sous le poids de l'explosion démographique. Nous avons les moyens techniques d'abolir la misère — mais chaque jour il meurt de malnutrition autant de gens que si trois cents Boeing 747 s'écrasaient sans survivants. Plus de cent cinquante pays sont regroupés au sein des Nations unies — mais deux superpuissances ont accumulé un armement nucléaire capable de détruire soixante fois la planète.

La récréation est terminée. L'heure est venue de cesser de nous comporter comme si la Terre nous appartenait, comme si nous pouvions en user et en abuser à notre guise : elle nous a été prêtée, provisoirement, par nos enfants, petits-enfants, arrière-petits-enfants et par tous les êtres vivants à venir. Nous avons face à elle des responsabilités et des devoirs.

C'est dans cette perspective qu'il faut aborder les trois objectifs principaux pouvant servir d'orientation à une stratégie mondiale en vue de sauver la planète des dangers mortels que l'humanité lui fait courir :

Régénérer : noter tous les accents.

1) Maintenir les processus écologiques essentiels et les principaux systèmes entretenant la Vie.

L'emploi sans discernement de nos moyens actuels d'exploitation des ressources met en péril la capacité même de la nature à se régénérer*. Sous prétexte d'en cueillir les fruits, nous sommes en train de scier la branche sur laquelle nous sommes assis. Un seul exemple : une commission sénatoriale vient d'établir que, depuis un siècle, le Canada a perdu 50 % de ses sols arables à cause d'une mauvaise gestion agricole.

Impérieux et non impératif.

Il est impérieux* de cultiver un nouvel esprit de prévoyance et de respect face à l'environnement. Cela suppose que nous cessions de faire aveuglément confiance à nos technologies, que nous nous efforcions d'en prévoir les conséquences à long terme en multipliant les études d'impact rigoureuses et indépendantes et que nous arrêtions d'imaginer que l'avenir se chargera toujours de réparer nos dégâts.

Cartésianisme : se dit de l'attitude qui valorise la logique, la méthode et la raison. Vient de Descartes.

La mentalité héritée de la Bible et du cartésianisme*, selon laquelle la nature aurait été créée pour être soumise et dominée par nous, a trop longtemps nourri notre insouciance et notre arrogance. Le temps est venu pour nous d'assumer plutôt le rôle de gardiens du jardin d'Éden, de renouer avec nos origines dans la Terre mère et de redécouvrir le profond sentiment d'appartenance à la nature qui devait forcément être celui de nos ancêtres nomades du paléolithique*.

Paléolithique : période de la préhistoire s'étendant de trois millions à quinze mille ans avant l'époque actuelle, caractérisée entre autres par l'usage de la pierre taillée.

Nous sommes la seule espèce à avoir pu se détacher de la biosphère pour l'étudier et découvrir quel fragile miracle est la Terre mère. Nous pouvons désormais juger notre propre comportement et nous savons quel est notre premier devoir : gérer correctement la Vie.

2) Préserver la diversité génétique.

Toute espèce vivante recèle dans ses gènes des informations uniques. Si elle disparaît, ces informations seront irrémédiablement perdues.

Or, au lieu de prévenir l'extinction des espèces animales et végétales qui cohabitent avec nous, nous détruisons des habitats à un rythme tel que, d'ici la fin du siècle, nous aurons fait disparaître à jamais 20 % au moins des espèces vivantes actuelles ! Autrefois prédateur aveugle, l'homme a trouvé une arme autrement puissante : la destruction d'écosystèmes. Parmi les animaux et les plantes connus, l'extinction progresse à un rythme des milliers de fois plus rapide qu'avant l'apparition de l'humanité.

L'hécatombe due aux activités humaines dilapide le précieux et irremplaçable capital accumulé par des centaines de millions d'années d'évolution. Nous agissons comme des vandales qui cassent n'importe quoi au hasard sur leur passage. Impossible de nous masquer plus longtemps cette terrible certitude : l'homme est le premier animal qui domine la Terre au point de pouvoir précipiter l'extinction massive d'un très grand nombre d'espèces vivantes.

L'exploitation des ressources naturelles sur la seule base de leur valeur marchande est devenue intenable. L'économie du profit empêche toute conduite responsable. L'efficacité à court terme de nos pratiques économiques actuelles ne fait que masquer un mépris total pour l'avenir.

Un simple exemple : pour vendre leurs hamburgers le moins cher possible, des entreprises de restauration rapide achètent du bœuf argentin, élevé sur des pâturages obtenus par l'abattage de la forêt tropicale — des terres qui en dix ans deviennent stériles. Pourtant la forêt en question, qui a été détruite au nom de sa valeur marchande et compétitive, recelait des espèces contenant des trésors d'information, des plantes et des animaux mal connus, sans même parler de sa valeur historique, culturelle ou esthétique.

Main invisible : principe providentiel qui est censé réguler spontanément la marche des affaires économiques.

Il serait naïf de croire plus longtemps à la « main invisible* » qu'évoquait le libéralisme classique pour maintenir l'équilibre. L'avidité à courte vue et l'individualisme triomphant se montrent si peu responsables qu'ils sont incapables de servir efficacement leurs propres intérêts à long terme. La concurrence et l'émulation ont atteint leurs limites : elles mènent à la destruction globale.

C'est pourquoi le libéralisme doit être soumis à des règles rigides qui l'obligent à cesser de puiser aveuglément dans le capital des ressources tant naturelles qu'humaines. L'économie doit céder le pas à une conscience sociale et écologique. Au lieu de dilapider un capital irremplaçable, nous devons apprendre à vivre sur les dividendes seulement. Une autorité, supranationale si nécessaire, qui soit véritablement apte à réglementer le jeu sauvage de l'économie de marché, est devenue une nécessité vitale.

3) Veiller à ce que toute utilisation des espèces et des écosystèmes soit durable.

La plupart des idéologies modernes, qu'elles soient de gauche ou de droite, souscrivent au principe de la croissance. Nos sociétés contemporaines se donnent pour objectif d'assurer leur développement, et pour ce faire elles cherchent à accroître leurs capacités de produire, de consommer et de participer à la circulation générale des biens et des services. Face à cela, l'écologiste est souvent présenté comme un doux rêveur nostalgique des temps anciens, qui voudrait arrêter le progrès.

Loin d'être un rêveur, il est au contraire le réaliste qui rappelle à tous que le gaspillage et la destruction ne peuvent plus durer. La croissance et le développement sont des idées devenues objectivement aberrantes. L'écologiste démontre simplement que, si nous voulons survivre, il n'y a qu'une possibilité : nous avons absolument besoin de nouvelles méthodes et de nouvelles priorités. Le développement doit être subordonné, de force si nécessaire, à la conservation. Aucune forme d'utilisation des ressources naturelles ne peut plus être tolérée, à moins d'être conçue de façon à être durable.

Cela ne signifie pas que nous devrions

renoncer à la science ou aux techniques. Tout au contraire, notre temps est celui des robots : à eux de prendre la relève du travail. Nous pourrons alors apprendre à jouer à des jeux moins dangereux, comme ceux de la convivialité. Nous en avons les moyens.

Pour ne prendre qu'un exemple, songeons à notre capacité de « voir par satellite ». Toutes les ressources de la Terre — sols, forêts, rivières, océans, minéraux — peuvent être cartographiées, analysées et suivies dans leurs manipulations et déplacements par les humains. Cette information peut être recueillie à une échelle globale, traitée et communiquée très rapidement, permettant ainsi des interventions ponctuelles rapides et efficaces. Nous pouvons envisager des solutions faites sur mesure et des actions appropriées à chaque situation locale, tout en contribuant adéquatement à des programmes plus vastes.

Nos connaissances en génie génétique et en écologie signifient que nous pouvons vivre des revenus tirés de la biosphère plutôt que d'en dilapider le capital. Notre première urgence devrait être de sauver la fôret tropicale, tout spécialement au Brésil. Si nous le voulons vraiment, avec l'aide de la science et de la technique, nous pouvons faire apparaître des forêts sur les sols dénudés, sauvegarder des espèces contre l'extinction, restaurer la diversité au sein de nos paysages et de nos champs, refertiliser les sols, faire repartir le cycle de la verdoyance des terres arides, dépolluer les océans et l'atmosphère, recycler nos déchets à des fins utiles, harnacher l'énergie du soleil et du vent.

Nous pourrions aussi travailler — ou jouer ? — à contrôler la population, à rendre nos milieux urbains salubres et sécuritaires, à généraliser des services sociaux qui garantiraient à tous les moyens d'une vie modeste mais décente, à meubler notre vie quotidienne de rapports entre partenaires plutôt qu'entre concurrents.

En conclusion, je dirai que nous n'avons plus le choix. Quel que soit le prix qu'on attache, légitimement, aux libertés ou à la démocratie, nous savons à présent que les valeurs du respect de la vie doivent primer toute autre considération. Nous ne pouvons plus nous appuyer sur la bienveillante Mère-nature ni sur le libre jeu du marché pour réparer toutes nos erreurs. Nous avons acquis le pouvoir de vie et de mort sur la planète et sur ses habitants, hommes, bêtes ou plantes, et ce nouvel état de choses modifie radicalement l'étendue et la nature même de nos obligations.

L'heure a sonné pour l'humanité d'assumer ces devoirs nouveaux et de contrôler ce pouvoir. Cela suppose que nous fassions tout ce qui est humainement et techniquement possible pour prévoir les conséquences effrayantes ou destructrices qui pourraient découler de nos actions ou de nos choix, et que nous nous imposions alors de les limiter rigoureusement. La perte d'un cinquième des formes de vie paraît déjà inéluctable. Notre génération doit se décider à protéger l'environnement qui a donné la vie à l'humanité, sinon elle sera responsable de ne transmettre aux générations suivantes qu'un héritage tristement appauvri.

Si cela devait entraîner la nécessité de recourir, au-delà des mécanismes classiques d'un gouvernement en régime libéral, à une sorte de contrôle par des experts et à l'imposition d'une autorité éclairée et prudentielle au service du respect et de la permanence de la biosphère, il ne fait guère de doute à mes yeux que cela vaudrait infiniment mieux que de laisser l'humanité détruire à jamais cette dernière. Qu'ils le veuillent ou non, les humains n'ont plus d'autre solution que de prendre position en faveur de la Vie.

GAIA DANSEREAU
« Lettre ouverte », in *Nord-Sud*
vol. 5, n° 3 (automne 1986)

14

Le fascisme

Les idées de base du fascisme remontent très loin. Le politologue américain Carl Cohen, dans son livre Four Systems *déjà mentionné dans l'introduction de cette troisième partie, n'hésite pas (avec raison, selon moi) à nommer parmi ses précurseurs des philosophes aussi fameux et respectés que Platon, Fichte, Hegel et Nietzsche, sans parler, plus près de nous, de Heidegger.*

Les formes les plus connues de cette idéologie sont évidemment le nazisme de Hitler (*Mon combat, *1924, mieux connu sous son titre allemand :* Mein Kampf*) et le fascisme italien de Mussolini (*La doctrine du fascisme, *1932), qui ont conduit ce siècle à la deuxième guerre mondiale (1939-1945). Parmi les représentants typiques, on peut citer Giovanni Gentile (*Origines et doctrines du fascisme, *1929) et Alfred Rosenberg (*Le mythe du 20e siècle, *1930). Un exposé d'ensemble se trouverait, par exemple, dans* Qu'est-ce que le fascisme ? *(1961) du Français Maurice Bardèche.*

Dire simplement : « itt-l'air », avec des sons bien français.

Après leur défaite, les mouvements fascistes ont perdu beaucoup de crédibilité et sont devenus quasiment souterrains. On n'en retrouve pas moins leurs idées principales dans certains groupes d'extrême droite, dont la Nouvelle Droite européenne, l'ultranationalisme russe de Vladimir Jirinovski ou le Ku Klux Klan américain, sans parler de certains skinheads se réclamant d'une soi-disant « suprématie de la race blanche ».

PLAIDOYER POUR UNE DOCTRINE INJUSTEMENT MÉCONNUE

J'ai l'intention de résumer ici les principes fondamentaux de ma position, qui représentent selon moi les bases de la seule vision à la fois naturelle et rationnelle de la vie collective.

1°) Toute société constitue une totalité organique. Il ne faudrait voir là ni une image ni une simple comparaison : c'est une description objective. Nos adversaires libéraux et démocrates essaient de défendre un atomisme* social absurde — chaque individu apparaissant dans leur pensée comme un atome séparé et autonome, n'obéissant qu'à son caprice propre et rattaché aux autres seulement par les liens artificiels d'un prétendu « contrat social » volontaire.

Atomisme : au sens propre, doctrine qui considère la réalité comme formée de particules élémentaires ; au sens figuré, conception d'après laquelle chaque unité individuelle est indépendante ou autosuffisante.

Rien n'est plus éloigné de la réalité. L'unité humaine concrète, c'est au contraire la communauté, qui est le corps réel dont les individus ne sont que les membres. Tout comme les parties d'un corps, les personnes ne pourraient ni apparaître, ni survivre, ni se développer pleinement en dehors d'une collectivité.

De même que le monde vivant est fait d'organismes composés de cellules, le monde humain est formé de communautés organiques dont les individus ne sont que les cellules et les organes. Aucun homme ne serait devenu humain sans les liens intimes qu'il entretient avec la société dont il est le fruit : sans ces liens, nul ne pourrait ni marcher, ni se vêtir, ni travailler, ni parler, ni penser, ni croire, etc. C'est le corps social global auquel nous appartenons qui nous nourrit à tous les niveaux. Il nous préexiste et il nous survivra. Les individus naissent et meurent, les peuples restent.

2°) Exactement comme l'évolution biologique a formé différentes espèces, l'évolution historique a produit des entités collectives bien différenciées, les races et les nationalités. Elles trouvent leur expression politique dans des États-nations, qui représentent la forme la plus achevée de communauté. Chacun d'eux est fortement individualisé : un type physique, un tempérament national, une langue, une mentalité, des traditions, une culture, une organisation familiale, économique et militaire propre, des héros et une histoire, etc. C'est ainsi que le Japon ou la Grèce ne sont pas des fictions administratives passagères, arbitrairement découpées sur la carte du monde. Ce sont des réalités humaines cohérentes et durables — en un mot, organiques. On pourrait multiplier les exemples, qui montrent tous que l'État-nation est la forme naturelle vers laquelle tendent toutes les communautés.

3°) Aucun ensemble collectif ne peut survivre et prospérer s'il n'est fortement organisé. Ici encore, l'analogie avec notre corps physique s'applique littéralement. Si les yeux ne communiquaient pas avec le cerveau, si les mains ne lui obéissaient pas, si les vaisseaux sanguins n'irriguaient pas le tout, si les intestins ne digéraient pas ce dont les divers organes ont besoin — bref si le système global et chaque sous-système n'étaient pas rigoureusement ajustés aux exigences du bon fonctionnement de l'ensemble, ce serait la mort certaine, ou du moins quelque infirmité grave.

La même chose est vraie de la société. Alors que l'atomisme social tente de mettre au premier plan une soi-disant « liberté individuelle » abstraite et irréelle, les faits montrent tout le contraire. Toute communauté repose sur l'action concertée, ordonnée et interdépendante de ses membres au service des intérêts communs. Chaque individu y est engagé dans telle ou telle fonction organiquement déterminée, et il contribue ainsi à la bonne marche du tout social par l'accomplissement du service propre qui lui incombe.

4°) Il n'y a pas d'organisation collective possible sans recours à une stricte hiérarchie. Une fois de plus, il suffit de considérer la nature pour découvrir dans les espèces vivantes, quels que soient leurs caractères particuliers, un trait commun universel : l'existence d'un ordre hiérarchique. Des abeilles aux loups en passant par les oiseaux et les singes, partout ce principe est présent, instinctif et primordial. Le succès de n'importe quelle population vivante suppose le respect d'un ordre naturel parmi ses membres. La règle de base de toute communauté est ainsi celle de la subordination, à commencer par la subordination de tous aux buts collectifs, qui doit se traduire en pratique par la subordination de chacun aux autorités responsables d'assurer l'atteinte de tel ou tel de ces buts.

5°) Il ne peut exister d'organisme complexe et fort sans une différenciation fonctionnelle des cellules et des organes. Ce précepte s'applique parfaitement aux sociétés humaines : les hommes sont différents les uns des autres, et non pas « égaux » comme le prétendent les idéologues libéraux et démocrates. Parmi les citoyens de chaque peuple (comme d'ailleurs entre les divers peuples eux-mêmes) on observe des variations dans les aptitudes naturelles, qui correspondent nécessairement à des rôles distincts. Les uns sont brillants, forts, talentueux, courageux, les autres moins, ou pas du tout. L'un est apte aux travaux manuels, l'autre à la guerre, le troisième à la musique. Tel est un orateur-né, tel autre un sportif hors pair, et ainsi de suite.

La thèse de l'égalité entre les hommes est contre nature. C'est l'illusion majeure de notre temps, dont il est facile d'observer chaque jour autour de nous l'irréalité foncière et les effets désastreux. La seule solution juste et raisonnable, parce que conforme à la nature, c'est de reconnaître honnêtement les variations et inégalités entre les humains et de régir la société en fonction de ces différences. Il est absurde de vouloir, par exemple, que le plus grand nombre accède à l'enseignement supérieur ou que les femmes deviennent soldat ou policier : le résultat inévitable de ces politiques dites de « démocratisation » est bien connu, c'est la baisse du niveau et la confusion des rôles. Il en est de même dans tous les domaines.

En réalité, il y aura toujours des élites, des classes moyennes, des faibles et des canailles. Il est plus efficace de l'avouer franchement et de s'organiser en conséquence pour tirer le meilleur parti de chacun au service de l'ensemble. Le déploiement optimal des aptitudes spécifiques et des capacités naturelles est la clé d'une société forte et bien ordonnée, comme l'avait vu Platon. Sa thèse fondamentale — que les dons innés* particuliers à chaque citoyen déterminent ses devoirs et ses pouvoirs, et que les diverses catégories de gens doivent exercer différentes fonctions pour la bonne marche de l'État — reste aussi valable aujourd'hui qu'au cinquième siècle avant notre ère.

Inné : que l'on possède dès la naissance. (S'oppose à acquis.)

6°) Les mensonges égalitaires des libéraux et des démocrates ne se voient nulle part mieux que dans le domaine du pouvoir politique. Ils prônent sans rire le gouvernement de tous par tous, du peuple par le peuple ! Les plus extrémistes d'entre eux, tels les anarchistes ou les socialistes, voudraient même que les soldats décident à la place des généraux, les ouvriers à la place des patrons, l'élève à la place du professeur, les femmes à la place des hommes et les musiciens à la place du chef d'orchestre.

Inutile de dire qu'un pays qui s'engagerait effectivement dans cette voie sombrerait rapidement. Mais la nature ne le permet même pas : malgré leurs bavardages grotesques sur l'égalité et le pouvoir pour tous, les pays libéraux et socialistes voient immanquablement se reformer en leur sein une structure hiérarchique, une concentration de l'autorité effective entre les mains d'une minorité — que ce soit le « complexe militaro-industriel » aux États-Unis ou la bureaucratie communiste en Chine. La démocratie, qu'elle se dise libérale ou socialiste, n'est au mieux qu'une apparence mystificatrice. Tout le discours libéral-démocrate sur les « droits » est d'ailleurs hypocrite et illusoire : c'est la force qui fait le droit.

En fait, la loi de fer* de l'oligarchie* prévaut partout. Telle est la simple vérité. Le pouvoir est nécessaire, il suppose une certaine forme de centralisation hiérarchique, et il revient aux plus forts et aux meilleurs, à ceux qui sont nés pour commander, qui sont faits pour diriger et qui possèdent les qualités de chef (force de caractère, sûreté de jugement, autorité naturelle, volonté inébranlable, sens du devoir, courage de lutter, etc.)

Loi de fer : loi inflexible et dure.

Oligarchie : ici, régime politique où le pouvoir est exercé par une minorité restreinte et privilégiée.

Rien ne sert de se mentir lâchement ou hypocritement. Les différences de qualités (bravoure, intelligence, talent, virilité, etc.) entre les humains sont irréductibles et importent au plus haut point dans la répartition du pouvoir. La thèse selon laquelle ce seraient les masses qui devraient diriger les institutions (et surtout l'État) est une idée antinaturelle et dégénérée. La seule solution rationnelle est de se conformer à l'ordre des choses et de former une élite de leaders naturels, capables de servir l'État en exerçant un pouvoir stable, vigoureux, probe et résolu. Là comme partout, plus dure sera la sélection, meilleur sera le résultat pour le bien de tous.

7°) La décadence actuelle des pays industrialisés d'Occident est avant tout une décadence morale qui, en pratique, n'engendre que désarroi et malheur individuel. Sous prétexte de balivernes baptisées « droits » et « libertés », nos pays souffrent d'une perte du sens des valeurs naturelles et du sens de l'ordre vrai des choses. Nous proposons de remettre à l'ordre du jour des principes éthiques vitaux : la propreté, la discipline, le sens de l'honneur, la vaillance, la responsabilité sociale, le patriotisme.

Pour ce faire, il est clair qu'une véritable révolution s'impose. Les partis politiques ne sont que des factions débilitantes qui divisent la société et ils doivent être interdits, de même que les syndicats politisés. La propriété, sacrée lorsqu'elle est le fruit du travail familial ou individuel, doit être protégée, mais les fortunes mal acquises ou douteuses, celles qui proviennent de la spéculation, de la publicité excessive, de la fraude ou de l'ingéniosité fiscale, du crime professionnel ou des divers trafics (drogue, pornographie) doivent être purement et simplement confisquées. Les grandes sociétés monopolistiques et multinationales devraient être tenues pour suspectes et rigoureusement contrôlées. Les petites et moyennes entreprises sont au contraire les organes privilégiés d'une économie nationale saine et équilibrée ; elles doivent être protégées contre l'avidité du grand capitalisme apatride*. De son côté, l'éducation requiert manifestement une remise en ordre radicale, conformément aux règles de la sélection, de la discipline, de l'excellence et de l'application assidue : c'est d'ailleurs le moyen le plus sûr de garantir des chances égales aux enfants de tous les milieux, tout en freinant la dégradation culturelle répugnante de nos sociétés. Dans cet ordre nouveau, en tout lieu et en tous domaines, les devoirs passeront avant les prétendus « droits ».

En un sens, notre philosophie est celle de l'homme ordinaire : vivre tranquillement, avoir une bonne épouse et des enfants sains, un emploi sûr et des vacances une fois par année. Être assuré que sa fille ne sera pas violée le soir dans la rue, que son fils ne se fera pas battre par un gang. Admirer ses dirigeants et savoir qu'ils sont dignes des postes qu'ils occupent. Vivre dans un pays fort et respecté.

L'homme moyen n'a rien contre les autres peuples tant qu'ils restent dans leur pays : chacun chez soi. Il ne veut gêner personne, mais il ne tolérera pas non plus qu'on le dérange. Il pense qu'on devrait reconduire à la frontière les réfugiés illégaux ou les étrangers auteurs de délits. Il sait que la nature est parfois cruelle, et que nous avons l'obligation de l'être aussi quand nos intérêts vitaux sont en jeu.

Si c'est là un régime autoritaire ou totalitaire, tant mieux. Les citoyens y sentiront vite l'unité renforcée du peuple tout entier. Ils profiteront d'un climat social sain et d'une

Apatride : privé de toute nationalité. Chez les fascistes, ce mot cache le plus souvent une intention antisémite. (Antisémitisme : attitude raciste dirigée contre le peuple juif.)

économie prospère et efficace. Ils retrouveront surtout ce qui leur manque le plus aujourd'hui, la conscience claire d'avoir un but dans cette vie. Car la véritable liberté ne consiste pas à faire n'importe quoi au gré du caprice individuel, mais à agir conformément à notre nature et d'une façon responsable.

Se sentir bien à sa place dans la vie d'un peuple fier et conquérant, participer activement à son progrès en se vouant consciencieusement au bonheur de tous, c'est la seule manière d'échapper au sentiment d'absurdité que provoque une existence isolée, sans raison d'être supérieure à soi-même ni cadres collectifs forts. Une telle remise en ordre, à la fois naturelle et rationnelle, serait génératrice d'une profonde satisfaction personnelle pour chaque citoyen digne de ce nom. Quant à ceux que leur médiocrité, leur immoralité ou leur nature étrangère à la nation excluraient de ce processus de renouvellement, les autorités sauraient les écarter dignement de notre chemin et les empêcher de nuire à la marche triomphante du peuple.

Quand les légions romaines partaient pour la guerre, un fier soldat s'avançait en tête en brandissant un faisceau de petites branches. Séparément, chacune de ces branchettes aurait facilement pu être brisée ; serrées ensemble, il devenait impossible de les rompre. Elles symbolisaient l'invincibilité d'une communauté unifiée par le renforcement mutuel.

On appelait ce symbole *fasces* et c'est de là que vient le nom de la doctrine dont j'ai tenté de vous présenter l'essentiel, le fascisme. À cause des excès et des brutalités de mauvais fascistes dans l'histoire récente, elle a acquis une réputation ignominieuse qu'elle ne mérite absolument pas, alors que le socialisme est resté aux yeux de beaucoup de gens un idéal respectable malgré les crimes abominables de Staline ou de Mao Zedong, et alors que le capitalisme libéral passe pour un régime normal malgré le chômage, les crises, l'inflation, la pollution des corps et des esprits, les grèves, le désordre moral, la décadence culturelle et l'instabilité politique.

Injustement calomnié et méconnu, le fascisme n'en demeure pas moins profondément valide lorsqu'il reconnaît la force irremplaçable qui émane d'une communauté solidement unie et lorsqu'il rappelle que les grands accomplissements humains proviennent, non des actions ou des désirs individuels pris isolément, mais du dévouement collectif à des causes communes.

Ne perdons pas espoir. Le communisme, là où il existe encore, trahit sans cesse sa théorie pour se rapprocher en pratique de l'idéal fasciste. Quant à la démocratie, elle n'a jamais été dans l'histoire qu'une aberration passagère et vouée à l'échec. Que ce soit sous ce nom malheureusement décrié ou sous un autre moins chargé d'erreurs, le fascisme finira par l'emporter : il a la nature de son côté.

ALFRED REMY DOUWE
Introduction populaire à la politique
Rotterdam (1988)

15

L'anarchisme

L'anarchisme est la conception politique selon laquelle l'État, cause principale de l'injustice sociale, devrait être supprimé. Pour ses tenants, appelés aussi libertaires, tout pouvoir de contrainte sur les individus est nocif et doit être aboli : l'anarchisme, c'est d'abord la négation absolue et sans compromis de toute autorité quelle qu'elle soit. Ne pas confondre avec l'anarchie au sens courant, qui désigne le désordre et la confusion.

*Principaux fondateurs au dix-neuvième siècle : Max Stirner (*L'unique et sa propriété, *1845), Joseph Proudhon (*L'idée générale de la révolution au 19e siècle, *1851), Michel Bakounine (*Étatisme et anarchie, *1873) et Pierre Kropotkine (*Paroles d'un révolté, *1885).*

POUR UNE SOCIÉTÉ DE LA JOIE FAROUCHE

L'idée fondamentale de la doctrine libertaire est simple : *rien chez l'homme n'est plus nécessaire ni précieux que la liberté.* C'est pourquoi la principale source de tous nos maux réside, à nos yeux d'anarchistes, dans les abus de l'autorité. C'est aussi la raison pour laquelle, en dernière analyse, la base de toute libération restera toujours, concrètement, la révolte contre les oppressions*. « Anarchisme » n'est qu'un nom pour cet effort héroïque de l'individu afin de se défaire des entraves qui inhibent son esprit et son corps, afin d'extirper toutes les institutions, lois, traditions, religions ou morales oppressives, afin de réagir contre la bassesse, le conformisme et la servilité des foules — afin, en un mot, de *vivre intensément sa vie.* Face à l'autorité, le premier devoir d'un être libre, c'est de déserter.

Oppression : le fait d'être soumis à une domination excessive et injuste, qui fait violence à ses victimes.

Sachant que le but de toute vie n'est rien d'autre que le bonheur, soyons sans pitié pour cet abîme d'indescriptibles misères qu'on baptise la « civilisation ». Proclamons que tous les foyers de la putréfaction autoritaire — l'État, le Capital, Dieu, mais aussi l'école, la famille, l'usine — doivent être minés et renversés. Tout particulièrement l'État, l'État organisé, avec les divers pouvoirs qu'il favorise et qui sont les premiers fauteurs de l'injustice et de l'absence de liberté parmi les humains.

Tout État est fasciste par nature. Dans le monde moderne, l'État est devenu la malédiction par excellence de l'individu. C'est la plus fantastique organisation criminelle que l'histoire ait connue. Par conséquent, il faut éliminer les pouvoirs d'État par tous les moyens possibles. L'État doit disparaître.

Apprenons donc à déjouer les pièges de nos pseudo-démocraties, dénonçons en premier lieu les élections, où des fripouilles s'arrangent pour aller représenter des imbéciles : les politiciens sont des menteurs et des filous, ne songeant guère qu'à la gloire et à l'argent. Du reste, si un simple vote était susceptible de changer le système pourri dans lequel nous moisissons, voilà longtemps que les oligarchies* régnantes auraient supprimé les élections par la force — comme on l'a vu cent fois, entre autres dans le tiers monde.

Oligarchie : ici, groupe restreint de privilégiés.

Mais ne nous arrêtons pas à la politique seule. Contre la religion, qui n'est qu'un pilier de l'État, nous aurons recours à l'insulte. Si le soi-disant « Dieu » des curés existait, l'homme serait pour toujours son esclave métaphysique. Les religions n'ont jamais été qu'une source d'obscurantisme* et d'oppression. Leur prétendu « Dieu » et son autorité suprême, voilà bien l'obstacle absolu à la réalisation de notre liberté. Seule la suppression de tout cet esclavage divin permettra à l'humanité d'espérer enfin mettre un terme à son esclavage politique, puisque le « Dieu » en question joue le rôle de garant imaginaire de toute autorité, de toute tyrannie, de tout pouvoir. Merde à « Dieu » !

Obscurantisme : attitude qui favorise le maintien du peuple dans l'ignorance.

Du point de vue économique, notre credo se résume en une formule : la propriété, c'est le vol. Contre le régime de la propriété privée, cet autre pilier de l'État, affirmons sans détour que tous les moyens sont bons, à commencer par ce qu'on appelle communément voler — et que nous préférons nommer « la reprise », puisque les « voleurs » ne font que récupérer ce que les riches ont d'abord eux-mêmes dérobé. Bourgeois et puissants ne possèdent jamais que ce qu'ils ont soutiré au peuple. Reprenons-le donc sans vergogne !

Ce n'est pas tout : face à une vie quotidienne faite d'aliénation institutionnalisée, notre mission est de fomenter des désordres dans les consciences comateuses, d'éveiller des rumeurs étranges dans les cerveaux engourdis. Pour ce faire, nous proposons tout bonnement de fermer les écoles, d'abolir la famille et de ruiner les usines.

En effet, si l'école est en général considérée comme une excellente préparation à la vie sociale, n'est-ce pas parce qu'elle donne les mêmes encouragements que cette dernière à la fraude, au conformisme et à la bassesse ? Le bon élève finit presque toujours par devenir plus tard le prototype du lâche besogneux et du fidèle employé compétitif. La fameuse « culture » dont l'école nous rebat* les oreilles, c'est d'abord de la vomissure.

« Rebattre » non « rabattre » les oreilles.

Et si la famille, de son côté, passe pour la cellule de base de la vie sociale, n'est-ce pas parce qu'elle aussi repose sur l'hypocrisie, la haine sournoise, la peur et la soumission, la castration du désir, la petite morale de l'ennui et du refoulement ? À bas le mariage, vive l'union libre !

Quant aux usines, sont-elles fondées sur autre chose que l'esclavage et l'abrutissement ? L'homme y est dominé et écrasé par la machine — au lieu que la machine, soumise à l'homme, ne serve à le libérer de tout travail ennuyeux, répugnant ou déplaisant. Contribuer à abolir le système marchand et l'esclavage du travail, c'est jeter les bases d'un monde nouveau.

À la place de tout cela, nous voulons réaliser une société fédérative* de petits groupes de base, qui serait gérée par des conseils populaires autonomes. L'État y serait, bien sûr, totalement inconnu, remplacé par une confédération universelle de communautés, les plus petites possibles et n'ayant aucune autorité les unes sur les autres — cellules socio-économiques indépendantes mais librement fédérées, qui se donneraient pour tâche de s'autogérer, en excluant toute hiérarchisation et toute bureaucratie.

Fédératif : qui favorise la libre association et l'organisation collective.

C'est ainsi qu'une société nouvelle pourrait se reconstruire par l'association volontaire (et toujours révocable) de groupes autonomes : unions libres des couples, communes souveraines, régions indépendantes, et jusqu'au sommet d'une humanité libre, enfin émancipée de la triple peur d'un « dieu », de l'État et des patrons. Le peuple auto-organisé y serait enfin responsable de son destin — et par « peuple », nous entendons avant tout les sans-savoir et les sans-pouvoir, les exclus de la société, hors-la-loi* aussi bien qu'ouvriers, jeunes, marginaux, immigrants ou chômeurs.

Un hors-la-loi, mais un homme hors la loi (sans traits d'union).

Une remarque s'impose ici. On accuse souvent les bourgeois, les patrons et les possédants d'être les uniques causes de tous nos maux. Quant à nous, nous ne jugeons pas moins coupable l'humiliante résignation du pauvre que l'insolente tyrannie du riche. Là où personne n'obéit, nul ne peut commander. Les prétendues « victimes » du mensonge social savent parfaitement à quoi s'en tenir là-dessus et ne l'acceptent le plus souvent que par lâcheté ou par intérêt.

La vérité c'est que, si la soumission cessait, c'en serait fini de toute domination. En ce sens, le capital n'est rien d'autre qu'une preuve désolante de la bêtise et de la résignation des ouvriers. Jamais on ne flétrira assez la passivité et la complaisance des victimes, principales responsables de leur propre situation : les pauvres sont les premiers coupables de l'existence des riches.

Mais reconnaître ainsi que l'on est soi-même l'auteur ou le complice de sa propre oppression, c'est en même temps prendre conscience de son pouvoir d'y mettre fin et de réaliser un monde meilleur. D'ailleurs, ouvrons simplement les yeux et nous verrons vite que toutes les bourgeoisies, qu'elles soient socialistes, nationalistes ou capitalistes, suent la peur. Mieux que quiconque, elles sentent qu'une révolution les guette et qu'il suffirait de bien peu de choses pour que, faute d'esclaves consentants, il n'y ait plus de maîtres.

Vous pensez peut-être que tout ça, ce sont des rêves ? Tant mieux, nous aussi ! Mais s'il le faut, pour ces rêves-là, nous nous battrons et nous bouleverserons tout jusqu'à ce que le vieux monde vermoulu de l'autorité s'écroule. Les soi-disant « terroristes » que fustigent les médias sont peut-être nos derniers romantiques : dans ces temps maussades où l'État étend sa patte graisseuse sur l'ensemble des activités humaines, toute déviance, toute révolte et toute dissidence ne se voient-elles pas assimiler à du terrorisme* ?

Terrorisme : emploi d'actions violentes à des fins politiques (attentats, prises d'otages).

Libérons nos passions et vivons pour notre plaisir. Car la seule certitude, c'est de jouir sans attendre, maîtres de nos rêves et exempts de tabous. Notre haine inexpiable envers cette société où tout est bas, louche et laid, où tout est un obstacle à l'épanchement généreux des passions, c'est notre amour pour la liberté et pour la justice qui l'engendre. Plus on chérit la liberté et l'égalité, et plus on doit haïr tout ce qui s'y oppose.

En attendant, l'essentiel pour nous demeurera d'augmenter le désordre afin de mieux faire s'écrouler l'édifice pourri des pouvoirs et d'accélérer la marche vers la libération pour tous et toutes. Chaque insurrection, fût-elle individuelle, fût-elle même vaincue d'avance, nous semble d'autant plus digne de l'ardente sympathie des révolutionnaires qu'elle est plus téméraire. Il faut que la guerre sociale prenne des proportions quotidiennes et universelles. L'habitude et la résignation sont l'antichambre de la mort ; c'est seulement dans l'aventure, dans la rébellion, dans l'affranchissement des passions qu'on peut rester vivant.

Vive la liberté, cibole ! Crachons sur les lois, les règlements et les ordres ! Refusons la passivité mortelle. Transformons le monde de fond en comble à la lumière du désir. Faire ce qu'on veut, y'a que ça de vrai !

Autogestion : régime qui remet la gestion d'une entreprise ou d'une organisation entre les mains des personnes qui y ont une activité.

Vive l'anarchisme libertaire radical et vive l'autogestion* généralisée !

Gare à vous, braves gens craintifs, le bonheur s'en vient.

LES NOUVEAUX PIEDS NICKELÉS
Québec (sans date)

16

Le libéralisme

Le libéralisme est à la fois une doctrine économique et une conception politique. La première met en relief l'existence d'une rationalité économique spontanée régie par les lois du marché ; la seconde insiste sur la souveraineté des individus, la tolérance, la séparation des pouvoirs, l'égalité de tous devant la loi, le respect des droits, la démocratie électorale et la limitation du rôle de l'État.

*Parmi les principaux fondateurs, on retiendra au moins Adam Smith (*Recherches sur la nature et les causes de la richesse des nations, *1776), Alexis de Tocqueville (*De la démocratie en Amérique, *1835) et John Stuart Mill (*De la liberté, *1859).*

LA LIBERTÉ, UNE VALEUR POUR L'AVENIR

J'ai le plaisir de profiter de l'occasion qui m'est offerte pour vous entretenir du libéralisme, doctrine qui devrait intéresser tout citoyen en cette fin de siècle où nos libertés individuelles sont encore l'objet de nombreuses menaces.

Je voudrais d'abord vous rappeler qu'historiquement, en particulier à partir du dix-huitième siècle, le libéralisme s'est développé en opposition à une conception traditionnelle qui croyait en l'existence d'une hiérarchie naturelle entre les membres de la société. Pour les partisans de cette vision, les humains n'avaient pas tous les mêmes droits : certains détenaient légitimement des privilèges refusés aux autres. Au contraire, les libéraux affirmaient et affirment encore le principe universel et fondamental suivant : tous les hommes naissent libres et égaux en droit.

Corrélativement : en relation logique.

Prérogative : avantage, pouvoir, privilège, faculté.

Chaque individu dispose par définition d'une liberté égale à celle des autres et, corrélativement*, des mêmes prérogatives*. Au cœur de la pensée libérale se trouve cette conviction que chacun doit pouvoir jouir d'une pleine et entière reconnaissance en tant que personne dotée de droits inaliénables. Cela s'applique à vous, à moi, aux riches comme aux pauvres, aux Blancs comme aux Noirs, aux autochtones comme aux étrangers, aux hommes comme aux femmes, aux handicapés comme aux génies, ni plus, ni moins. Tous les individus sont libres et cette liberté constitue leur bien moral le plus précieux.

Cela se traduit par des conséquences sociales et politiques qui peuvent aujourd'hui nous paraître naturelles si nous vivons dans un pays démocratique régi par les règles du droit libéral, mais qui en fait sont des innovations révolutionnaires par rapport à la quasi-totalité de l'histoire humaine et qui restent, dans une large mesure, des exceptions dans le monde actuel.

Cela commence avec la reconnaissance de la liberté d'opinion. Chacun est libre de penser, de juger par lui-même de ce qui lui convient ou non, de ce qui est souhaitable ou ne l'est pas, de ce qui est valable ou inacceptable. C'est à la lumière de la raison, cette faculté spécifiquement humaine, que les individus adoptent les idées ou les valeurs qui leur paraissent dignes de leur adhésion. Le libéralisme insiste sur la reconnaissance de cette liberté de pensée des personnes : liberté de leurs croyances, de leurs valeurs et de toutes leurs idées. Cela implique que nous mettions l'accent, de façon très claire et sans compromis, sur la tolérance, qui est la forme vécue du respect du droit de tous à penser et à croire différemment des autres. C'est pourquoi le libéralisme affirme avec force le caractère inviolable de la libre expression, qui garantit la possibilité de rendre publique toute idée ou croyance, que ce soit par la parole ou par l'écrit, sans que cela entraîne discrimination ou répression. Le recours à une forme quelconque de censure est inacceptable, si ce n'est, aux termes de la loi, dans certains cas extrêmes et strictement limités.

À cet égard, la pensée libérale, même si en général elle ne minimise pas l'importance de la dimension spirituelle et religieuse dans l'expé-

Cléricalisme : régime dans lequel les autorités religieuses jouissent d'une influence politique marquée ; opinion de ceux qui sont favorables à un tel régime.

rience humaine, s'inscrit résolument en faux contre toute forme de cléricalisme*.

L'immixtion d'une Église ou d'un clergé quelconque dans la vie politique d'un pays est inacceptable. Le principe de la séparation des Églises et des États doit prévaloir. Chacun est libre d'adhérer à la religion de son choix et, par conséquent, aucune religion ne saurait prétendre déterminer les solutions qui doivent être appliquées face aux problèmes que pose la vie sociale. La liberté de conscience, qui permet à chacun de juger selon les lumières de sa raison, nous apparaît comme un droit fondamental de la personne.

Comme elle le fait devant la religion, la doctrine libérale tient à conserver une certaine distance face à la tradition. Nous ne nions pas la richesse que peuvent constituer les acquis historiquement accumulés dans les divers champs de la vie privée et collective. Mais nous refusons d'accréditer le jugement selon lequel, si telle façon de penser ou d'agir est traditionnelle, il s'ensuive nécessairement qu'elle soit valable. Les idées, les valeurs, les croyances et les attitudes ne doivent être évaluées qu'à la lumière de la raison, qui est le seul juge légitime de leur mérite, et non pas au nom de leur ancienneté.

Parallèlement aux libertés de pensée et d'expression, on doit s'assurer qu'existe et est respectée une réelle liberté d'action. Or qui dit action dit engagement dans le monde de la pratique et des activités humaines concrètes, où l'économie tient une place primordiale. Confronté à la nécessité d'assurer sa survie et de satisfaire aux exigences de sa vie matérielle, l'homme est un être essentiellement économique. Tout homme a une propension naturelle à rechercher le bonheur, qu'il conçoit en bonne partie comme l'agrément résultant de l'accumulation de biens et de richesses. Contrairement à ce qu'on prétend parfois, la poursuite du bien-être matériel n'est pas une dépravation morale, mais le moyen légitime d'assurer son confort et ainsi d'accéder au bonheur.

En ce sens, on aurait tort de nier que le succès économique est un véritable accomplissement pour l'homme. C'est le résultat tangible de ses efforts et de son mérite. Dans une société libérale, chacun est personnellement responsable de sa réussite et de son bonheur. Tous doivent travailler, produire des biens ou des services utiles, c'est-à-dire créer de la richesse. Il convient que l'individu soit laissé libre d'œuvrer dans le domaine de son choix, celui vers lequel le portent ses goûts ou ses talents ; libre également de travailler avec qui et pour qui il veut, libre d'obtenir pour ses efforts la rémunération que justifie son talent, de mettre sur pied une entreprise, d'épargner et d'investir, de léguer ses biens en héritage, bref de gérer et de mener sa vie comme il l'entend. Ses limites sont seulement celles que lui fixent sa volonté, son travail, ses aptitudes et l'énergie qu'il consent à investir dans ses projets.

On conçoit facilement que l'un des piliers de la vie humaine ainsi conçue, c'est la reconnaissance du droit naturel à la propriété :

autant qu'il désire être libre, chaque homme souhaite posséder en propre les fruits de son travail. On pourrait même dire que l'individu est libre seulement dans la mesure où il est en pleine possession de sa vie et de ses choix. Il serait donc privé de sa liberté s'il était empêché d'être un propriétaire économique. Et il n'y a aucune raison valable pour que ce droit de propriété soit limité aux seuls biens dont la consommation et l'usage seraient jugés (par qui et au nom de quoi ?) comme nécessaires à l'intéressé. Il est normal que ce droit couvre aussi bien l'accumulation de richesses que l'appropriation de moyens de production. Seul un individu en mesure de diriger sa vie économique comme il l'entend est véritablement autonome ou indépendant et peut exercer pleinement sa liberté dans les autres domaines de son existence. Grâce à la liberté d'action économique et au droit de propriété, chacun est son propre maître et ne dépend de personne.

L'un des traits les plus précieux du libéralisme, c'est à mes yeux de manifester une grande confiance en l'individu et en ses ressources. Nous refusons de le considérer comme un être passif subissant un destin métaphysique ou social face auquel il serait impuissant. Nous récusons ce type de vision fataliste pour en appeler, à l'inverse, au désir et à la capacité de chacun de maîtriser sa vie et de l'assumer pleinement. Notre conviction est en effet que tout homme est perfectible, c'est-à-dire qu'il est capable de progrès, tant au plan individuel que social. Pour peu qu'on respecte sa liberté de pensée et d'action et qu'on l'incite à prendre sa vie en main, celui qui veut aller de l'avant avec dynamisme et confiance en soi se révèle capable de belles réussites et, pour lui, peu de choses sont impossibles.

Quant à notre point de vue concernant les relations entre la société et ses membres, il est parfaitement clair : pour nous, l'individu est la pierre angulaire ou la base de toute société. Sans les personnes individuelles il n'y aurait pas de collectivité. Une communauté n'est qu'un ensemble de sujets singuliers. Chacun étant à la poursuite légitime de son bonheur, la société existe pour les individus et non pas l'inverse.

Comme l'a bien vu l'un des pères du libéralisme, le philosophe et économiste écossais du dix-huitième siècle Adam Smith, chacun de nous a besoin des autres et c'est là l'origine de toute organisation sociale. Une sympathie naturelle et des liens d'utilité rapprochent ainsi chaque individu des autres. En raison de ces rapprochements, l'aménagement de la survie économique de tous se trouve facilité. La vie en société entraîne une division du travail, qui fait que chaque particulier n'a plus à produire par lui-même tout ce qui est nécessaire à son bien-être. Les individus se spécialisent, chacun investissant son énergie et sa capacité de travail dans le domaine qui s'accorde le mieux à ses goûts et à ses talents. Partant*, du double fait de son intérêt accru et du rétrécissement de son champ de travail, il en devient plus efficace et plus productif.

Partant : ainsi, donc, par conséquent (usage ancien ou littéraire).

Cette division sociale du travail comporte plusieurs avantages. Non seulement la production s'en trouve augmentée, ce qui implique une richesse sociale de plus en plus grande, mais les liens sociaux se resserrent en raison de l'interdépendance généralisée. Chacun ne produisant pas tout ce qui lui est nécessaire, il dépend des autres pour se procurer ce qu'il ne fait pas lui-même. Il en résulte une collaboration nécessaire de chaque individu avec tous.

Ainsi la société apparaît-elle comme étant essentiellement un marché, c'est-à-dire un lieu d'échange qui obéit aux lois de l'économie. Sur ce marché se négocient de la force de travail, des biens et des services, pour lesquels il se trouve des vendeurs et des acheteurs, ainsi qu'un prix à payer. Afin que la vie économique soit saine et prospère, il importe que soient respectés le jeu naturel de l'offre et de la demande, ainsi que les lois de la concurrence. La concurrence entre vendeurs exerce sur les prix une pression à la baisse et, inversement, celle qui existe entre acheteurs se traduit par une pression à la hausse.

La concurrence est donc un moyen naturel de régulariser les prix et d'atteindre un certain équilibre sur le marché, sans qu'aucune intervention extérieure ne soit requise. De plus, qu'il s'agisse d'offrir une force de travail, un bien ou un service, la rivalité entre les vendeurs assure la plus grande qualité possible, puisque l'acheteur préférera toujours le meilleur produit disponible. L'émulation entre producteurs est le plus sûr moyen de faire sortir l'homme de sa paresse et de son inertie. Elle incite les individus à utiliser à fond leurs aptitudes, et elle les motive à fournir l'effort requis pour atteindre la prospérité matérielle à laquelle ils aspirent. Cette poursuite de leur bien-être, ajoutée à la lutte qu'ils doivent livrer aux autres sur le marché, stimulent leur ingéniosité et leur productivité, contribuant à la richesse collective dont ils bénéficient en retour.

Pour le libéralisme, le principe de la primauté de l'individu concerne également l'État. Ce sont les citoyens qui consentent des droits à l'État, et non pas ce dernier qui les leur concède. Les pouvoirs de l'État sont seconds par rapport aux droits des individus. En réalité, l'État n'est que le dépositaire d'une souveraineté dont le fondement se trouve dans les particuliers qui décident de se soumettre au droit et aux institutions politiques. La légitimité de l'État repose donc sur le consentement des personnes à restreindre leur liberté dans le but d'échapper à l'anarchie, au désordre et à la guerre de tous contre tous. Par l'instauration d'un gouvernement, les citoyens se donnent les moyens d'un ordre et d'une paix sociale indispensables. Le droit, c'est-à-dire l'ensemble des lois, se fonde sur la volonté générale et permet d'échapper au règne de la force, en garantissant le respect par tous des droits de chacun. On comprendra donc que, pour nous, l'État doive être démocratique, puisque la démocratie est cette forme d'organisation politique dans laquelle la souveraineté appartient en propre aux individus, qui délèguent certains pouvoirs à l'État. En conséquence, ce qui doit guider les pouvoirs publics dans leur œuvre de législation, c'est l'opinion de la majorité, unique source de leur légitimité.

En ce qui concerne l'étendue du rôle de l'État, le libéralisme défend la thèse selon laquelle le meilleur gouvernement est celui qui gouverne le moins. Les seules limites légitimes que l'État puisse fixer à la liberté individuelle sont celles qui tendent à la préservation des droits de chacun. Le rôle des institutions politiques est de protéger ces droits et non de les brimer. Dans le même souci de protection des personnes contre le despotisme de l'État, le libéralisme favorise la séparation rigoureuse des pouvoirs législatif, exécutif et judiciaire.

Cependant, même si nous prônons la modération en ce qui a trait aux interventions de l'État, nous ne sommes absolument pas des anarchistes : nous ne souhaitons pas l'abolition de l'État, mais seulement son maintien dans un rôle bien circonscrit de protection des libertés et des droits individuels. À l'intérieur de ces limites, il ne saurait être trop puissant. Par exemple, tout bon libéral devrait envisager d'un œil favorable les institutions vouées à combattre la discrimination sous toutes ses formes.

Quant à son rôle économique, nous pensons que l'État ne doit pas entraver les lois naturelles du marché, que ce soit par ses législations ou par des interventions directes dans le champ de la production. Il doit seulement protéger la société contre la violence et développer les moyens de communication indispensables à la circulation des marchandises. L'État ne devrait surtout pas se mêler de vouloir « planifier » l'économie, puisqu'en vérité nul ne sait comment une telle planification pourrait fonctionner et que son échec serait assuré d'avance, comme toutes les tentatives « socialistes » le confirment d'ailleurs.

La prospérité d'un pays repose principalement sur l'activité des entrepreneurs qui, mus par la quête de profits accrus, explorent sans cesse de nouvelles possibilités et cherchent des moyens plus efficaces de production et de mise en marché. Si souvent prise à partie par nos adversaires, la recherche individuelle de profit n'est pas un mal ; au contraire, il faut y voir une condition essentielle du dynamisme économique dont découle l'enrichissement général. Sans elle, non seulement les individus manqueraient de motivation, mais la communauté tout entière s'en trouverait grandement appauvrie.

Plus une société compte de membres qui personnellement veulent s'enrichir, plus elle devient collectivement prospère. Ces individus créent en effet une richesse nationale dont ils ne sont pas les seuls bénéficiaires. L'État ne devrait donc jamais entraver leur liberté de manœuvre, car il réduirait d'autant leur potentiel et leur volonté d'entreprendre. Il doit au contraire faire tout ce qui est en son pouvoir pour les favoriser, puisqu'ils sont les principaux agents de la prospérité. Cette dernière est inséparable du développement économique : sans croissance, l'économie stagne et la société s'appauvrit. Une société de croissance produit toujours davantage de biens et de services et les rend accessibles à un plus grand nombre de personnes. Nous estimons donc que la croissance économique devrait être considérée comme un facteur clé du progrès collectif. Vouloir la freiner, ce serait consentir à priver beaucoup de gens d'une plus grande richesse qu'en général ils perçoivent, à juste titre, comme absolument nécessaire à leur bonheur.

Par ailleurs, l'État devrait se garder également de trop intervenir pour tenter de réduire les écarts entre individus inégalement pourvus en matière de richesse. Tout d'abord, la plupart des programmes sociaux coûtent très cher et l'État se trouve, par conséquent, dans l'obligation d'imposer, et même de sur-imposer, les citoyens comme les entreprises. Par là, il porte indirectement atteinte au droit naturel de propriété, qui implique la liberté de profiter et de jouir des richesses acquises par l'activité économique. En outre, ces programmes, qui prétendent viser à une soi-disant justice sociale, se révèlent le plus souvent de puissants facteurs de démotivation et de démission, non seulement pour tous ceux qui se voient dépossédés d'une richesse qui leur appartient légitimement, mais aussi pour ceux-là mêmes qui sont censés recevoir de l'aide. En effet, de tels bénéficiaires n'assument plus leurs besoins et s'en remettent à l'État pour les satisfaire. On encourage ainsi l'irresponsabilité et l'inaction, et on produit de plus en plus d'individus incapables et dépendants, qui ont perdu la fierté d'être, par le travail et l'épargne, maîtres et comptables de leur propre vie.

Être responsable, c'est être libre ; être libre, c'est être responsable. Même si, trop souvent, ceux et celles qui en jouissent ne s'en rendent pas compte, la liberté demeure, dans notre monde troublé et menacé, une valeur précieuse entre toutes, et le libéralisme une doctrine d'avenir.

PAUL LALIBERTÉ
Bulletin du bureau de commerce n° 22
Sherbrooke (1986)

17

Le socialisme

Le socialisme est la théorie selon laquelle tous les grands moyens de production et de distribution des richesses devraient être possédés et administrés par la collectivité tout entière, en particulier sous le contrôle du plus grand nombre, les travailleurs salariés. Il rejette, en tout ou en partie, la propriété privée de ces grands moyens économiques, par opposition au capitalisme.

Parmi les fondateurs du socialisme, on peut citer au dix-neuvième siècle l'Anglais Robert Owen (avec son journal Le nouveau monde moral, *1836-1844), le Français Saint-Simon (*Le nouveau christianisme, *1825) ainsi que l'Allemand Karl Marx (*Le capital, *1867), dont il a déjà été question plus haut (deuxième partie).*

POURQUOI LE SOCIALISME

On m'a demandé de vous parler ici du socialisme et d'expliquer pourquoi j'adhère à cette doctrine. Je vais donc vous entretenir brièvement des idées qui m'animent dans la recherche d'un monde meilleur.

La tradition socialiste est déjà vieille d'au moins un siècle et nombreux sont les partis et les mouvements qui s'en sont réclamés. Depuis, malheureusement, les idéaux socialistes ont été trahis plus d'une fois par ceux-là mêmes qui ont pris le pouvoir en leur nom. C'est pourquoi il importe de les mettre bien en évidence pour redorer le blason du socialisme. Car le constat déplorable des déviations et des trahisons ne devrait pas nous cacher les effets positifs que la poursuite de ces idéaux a entraînés pour l'humanité.

Je voudrais avant tout souligner qu'un vrai socialiste, c'est d'abord quelqu'un qui croit profondément au progrès. Cela ne veut pas dire qu'il est assez naïf pour l'identifier à n'importe quel changement ayant cours dans la société. Il se méfie autant de la mode que des traditions si chères aux conservateurs. J'oserais dire qu'à mes yeux les modes sont peut-être même plus suspectes, parce que plus trompeuses : ne sont-elles pas l'arme par excellence des capitalistes qui, trop souvent, exploitent leur clientèle sous d'illusoires apparences de progrès, en particulier au moyen de la publicité ?

Selon l'esprit du socialisme, le seul véritable progrès qui mérite de compter, c'est celui de notre marche vers un complément d'humanité, car c'est au nom des valeurs humanistes que les socialistes se qualifient eux-mêmes de progressistes — et parfois même, quand les circonstances le justifient, de révolutionnaires.

À la base de notre humanisme, nous reconnaissons que l'humain est un être matériel engagé dans un processus historique. Le sens de cette histoire dépend de l'action collective plutôt que d'un quelconque destin ou d'un plan divin. Si notre humanisme est de tendance athée, ou du moins agnostique, il serait faux de croire qu'il soit nécessairement antireligieux, comme certains chasseurs de sorcières tentent parfois de le faire croire.

En cela, nous ressemblons aux nombreux scientifiques qui, nonobstant leurs convictions religieuses personnelles, comprennent l'aventure humaine sans référence à un ordre supérieur. Ainsi détaché de toute finalité transcendante*, le but de la vie est, pour nous, de créer un monde pacifique où les intérêts individuels seraient réconciliés avec la réalisation du bien commun, et dans lequel chacun contribuerait, selon ses capacités, à la satisfaction des besoins de tous.

Transcendant : supérieur et séparé ; d'un autre ordre, radicalement plus élevé.

C'est pourquoi nous dénonçons sans relâche l'individualisme débridé prôné par le libéralisme, ainsi que toute conception qui saperait l'harmonie des relations humaines. À notre avis, l'homme est essentiellement un être social, qui ne réalise adéquatement le sens de sa vie que dans la mesure où il agit en accord avec l'ensemble social. Une valorisation inconsidérée de l'individualisme ne peut qu'engendrer au contraire des relations d'opposition, de concurrence et de domination. Elle favorise

Servage : institution caractéristique du régime féodal ; le serf était une personne attachée à une terre, privée de certains droits, soumise à diverses obligations et redevances envers un seigneur.

Impérialisme : attitude d'un pays qui cherche à dominer d'autres peuples et à les réduire sous sa dépendance militaire ou économique afin de constituer ou d'étendre son empire ; colonialisme, expansionnisme.

l'apparition d'une société conflictuelle, où la liberté des uns ne s'affirme qu'au détriment de celle des autres. Elle accroît les inégalités naturelles et fait régner l'injustice en assurant le triomphe des plus avides ou des plus forts.

L'histoire est tristement jalonnée des méfaits de telles injustices : conquêtes, esclavagisme, servage*, racisme, impérialisme*, sexisme, exploitation de toutes sortes. Le socialisme croit que la morale et le sens de l'histoire commandent plutôt de mettre la force de tous au service des plus faibles. Nous souhaitons l'avènement d'un monde où puissent régner la solidarité, l'entraide, la concertation et l'égalité. Seules des réalisations positives dans cette direction permettront à l'humanité d'éviter la catastrophe finale qui menace de plus en plus son avenir.

Pour nous, la liberté est, bien entendu, une valeur inestimable. Chaque individu et chaque peuple est porté à la rechercher en quelque sorte naturellement. Elle donne à l'existence une légèreté et une saveur qui la grisent et l'épanouissent. Et pourtant, combien ceux qui en sont privés me semblent nombreux ! C'est que cette liberté si précieuse exige d'être reconnue dans les faits, au lieu d'être simplement proclamée dans l'abstrait mais bafouée en pratique, comme l'est celle des défavorisés dans notre monde capitaliste. Sans égalité réelle et sans reconnaissance mutuelle, la liberté n'est qu'un leurre, et les libertés s'aliènent dans des rapports de domination ou de servitude. C'est la raison pour laquelle l'importance accordée à l'égalité est une conviction socialiste profondément inscrite dans nos programmes et dans nos combats.

Qu'on me comprenne bien : nous parlons ici d'une égalité réelle et non pas seulement, comme les libéraux, d'une certaine égalité formelle des chances. Car les humains ne naissent pas égaux en fait ; certains sont handicapés au plan physique, d'autres au plan intellectuel ou psychologique. Au surplus, toute société engendre des formes supplémentaires d'inégalité, dont la diversité et l'importance sont à la mesure des injustices qui y règnent. Ainsi en est-il des inégalités actuelles, dans les sociétés bourgeoises occidentales, entre les pauvres et les riches, entre travailleurs manuels et intellectuels, entre femmes et hommes, entre les chômeurs et ceux qui ont un emploi, entre les jeunes en quête d'un travail et les travailleurs plus âgés, etc.

Il serait injuste de tenir chacun responsable de son sort alors que c'est, dans la plupart des cas, la société qui conditionne la vie des individus et qui engendre des rapports inégaux entre eux. C'est pourquoi certains sont plus libres que d'autres, car l'éventail de leurs choix possibles et leurs chances objectives de réussite sont beaucoup plus grands. Contrairement à ce que prétend l'idéologie libérale ambiante, il ne suffit pas de vouloir pour pouvoir réussir ; encore faut-il que les conditions réelles dans lesquelles l'individu est placé rendent cette réussite possible. Que vaut la liberté du pauvre lorsqu'elle subit les attaques du riche ? À quoi rime la liberté du minoritaire lorsqu'elle cherche à s'affirmer dans un milieu qui l'ostracise ? Avant de parler de la liberté théorique des êtres, on doit se montrer sensible aux conditions objectives qui influent sur l'action individuelle ou qui la déterminent. On comprendra alors que seule une égalisation sociale réelle pourrait compenser le tort que des conditions sociales injustes, ajoutées aux imperfections naturelles, font subir à de nombreux membres de la collectivité, et que des mesures palliatives, à la fois politiques et économiques, s'imposent en la matière.

La première de ces mesures concerne l'économie. Nous croyons qu'il faut transformer profondément le système économique régnant pour faire en sorte que la recherche du profit cesse d'être le principal critère du succès et le seul stimulant à la production. Le régime capitaliste est fondamentalement vicié : sans mesures correctives appropriées, il engendre inéluctablement de l'inflation, des récessions et des crises, du chômage, des taux d'intérêt usuraires, des services de mauvaise qualité partout où le profit est faible, des écarts insupportables entre riches et pauvres. Ce sont là des maux structurels, qu'on doit pallier coûte que coûte.

La seule façon efficace d'y remédier consiste à socialiser progressivement les principaux moyens de production, d'échange et d'investissement. Mais attention : n'allez pas en déduire que les socialistes proposent de tout collectiviser en bloc et sans exception. Beaucoup parmi nous croient qu'il suffirait d'imposer une présence significative de la propriété publique dans chacun des multiples champs d'intervention économiques, et que seuls les services aussi fondamentaux que l'éducation, la santé, le transport, la monnaie et la défense doivent absolument être nationalisés.

Quoi qu'il en soit, il est indubitable qu'une concertation entre les gestionnaires des différentes entreprises nationalisées ou privées est nécessaire, car l'économie doit être davantage rationalisée que ne le permettent en général les régimes capitalistes. Il est indispensable de planifier, c'est-à-dire d'ajuster rationnellement la production et les débouchés — c'est-à-dire la création de biens et de services d'une part, leur consommation de l'autre. L'économie doit s'adapter aux besoins humains véritables et non l'inverse, comme c'est pourtant le cas dans un marché anarchique où les consommateurs sont manipulés par la publicité. Seule la planification permet la vraie reconnaissance de droits fondamentaux, comme le droit au travail, ou celui à un revenu minimal décent, droits que la concurrence sauvage et la recherche effrénée du profit ne cessent de menacer dans la société capitaliste.

À ce sujet, je ne saurais trop souligner ici que le travail est, à nos yeux, une source importante d'autonomie et d'épanouissement personnel. Aussi sommes-nous en faveur d'une politique de plein emploi, qui reste le meilleur moyen de stimuler l'économie en maintenant, pour le bénéfice de tous, un niveau élevé d'offre et de demande. Seul le plein emploi permet de canaliser les efforts et les talents en fonction de leur utilisation maximale dans la création de la richesse collective.

Par ailleurs, la stabilité des prix nous paraît un facteur déterminant de toute prospérité économique durable. D'une part, nous savons bien que lorsque l'inflation galope les plus touchés sont les pauvres et ceux dont les revenus sont fixes, comme les retraités, par exemple. D'autre part, l'augmentation incessante des prix dans une société donnée diminue la valeur concurrentielle de ses produits sur le marché mondial. C'est la raison pour laquelle nous sommes partisans de mesures anti-inflationnistes propres à stimuler le commerce international et à accroître la prospérité nationale sans détériorer l'équité sociale. Nous favorisons en ce sens des stratégies qui reposent sur le principe de la solidarité salariale, seul capable de permettre une réduction démocratique des écarts de revenus. Il est inacceptable que certains bénéficient d'augmentations importantes pendant que d'autres se voient contraints d'accepter des réductions de salaire sous peine de perdre leur emploi. Dans une société où la répartition des profits se ferait de façon plus égalitaire, il deviendrait évident que la force de chacun résulte de la force de l'ensemble.

En matière politique, la principale mesure qu'il convient à mon avis de promouvoir, c'est la démocratisation de la société tout entière. À ce propos, il faut dénoncer les mythes que les libéraux et les conservateurs entretiennent sur le socialisme. Une société véritablement socialiste ne serait nullement bureaucratique ou totalitaire, contrairement à ce qu'on a connu dans certains pays qui se prétendaient communistes. S'il est vrai que nous préconisons une certaine forme de centralisation du pouvoir, c'est seulement afin d'accroître la liberté du plus grand nombre en procédant à une répartition plus équitable des chances et de la richesse collective. Centralisation et socialisation, si elles ont pu parfois coïncider avec une forme quelconque de despotisme*, n'en sont d'ailleurs pas la cause nécessaire : il suffit pour s'en rendre compte d'observer, dans tant de pays d'Amérique latine, d'Afrique ou d'Asie, à quel point la dictature* fait bon ménage avec le capitalisme !

Despotisme : forme de gouvernement où tous les pouvoirs appartiennent à un seul.

Dictature : régime autoritaire qui interdit toute opposition et abolit ou réduit la plupart des droits et libertés civiques.

Bien au contraire, en favorisant des élections libres non seulement au niveau de l'État, mais aussi de la gestion des entreprises sous le contrôle des travailleurs, nous lions l'avènement d'une société socialiste à la construction d'une démocratie élargie et généralisée. Par conséquent, nous approuvons fortement l'émergence et la consolidation de structures favorisant la coopération, la solidarité et l'intervention collective, afin de permettre à tous de faire valoir leurs droits et leurs objectifs, au moyen d'une revendication portée par l'ensemble des intéressés. C'est le cas avec les syndicats, ou encore quand des citoyens se regroupent en associations ou en comités, que ce soit au niveau d'un quartier, d'une région ou d'un pays. Nous sommes également des partisans résolus de l'implantation d'organismes permanents d'autogestion ainsi que de coopératives. En effet, un socialiste est convaincu que la libération des personnes est inséparable de leur pouvoir réel sur tout ce qui conditionne leur existence comme travailleurs, consommateurs et citoyens.

Pour moi, il est clair que le socialisme est l'expression achevée d'un esprit démocratique véritable. Il appelle les citoyens à la participation, à la création d'un tissu social renforcé, plus authentique et plus riche, à la mobilisation de toutes les énergies pour des causes qui se situent au-dessus des intérêts et des ambitions personnels. Le socialisme invite l'homme à se dépasser dans la création d'une civilisation où nul n'est laissé pour compte et où la création de la richesse signifie une amélioration de la qualité de vie pour tous.

Égalité, solidarité et fraternité, voilà bien les valeurs qui motivent et mobilisent notre engagement social et politique. Elles nous font espérer qu'un jour la recherche de la liberté et de la prospérité pourra coïncider avec l'aménagement d'un monde pacifique et équitable.

THÉRÈSE CHARTRAND
Propos et conférences
Moncton (1984)

Conclusion

Nous voici parvenus au terme de ce rapide tour d'horizon intellectuel. Après l'avoir parcouru, sans doute cela est-il encore mince, mais il faut espérer tout de même que nous avons appris deux ou trois petites choses nouvelles.

Pour terminer, je voudrais ajouter deux réflexions. La première concerne la soi-disant « spécificité du discours philosophique ». En effet, l'une des choses les plus étranges dans le nouveau programme de philosophie des cégeps, c'est le retour de la question de savoir ce que la philosophie a de spécifique.

Naturellement, on peut comprendre que l'élève qui suit son premier cours de philo aimerait savoir de quoi il s'agit. Le problème, c'est que personne n'en sait rien. Les philosophes ne s'entendent pas sur la nature de la philosophie. Chacun a sa réponse, à laquelle il tient beaucoup. Le mieux que puisse faire l'élève, c'est reconnaître quelle est la réponse favorite de son professeur actuel, et de ne le contrarier là-dessus que si cela le tente vraiment.

Pour préparer le terrain à cette identification de la position du prof, je vous propose une petite typologie rudimentaire de diverses positions quant à la spécificité du discours philosophique. Une fois que vous aurez compris le principe, vous pourrez continuer vous-mêmes indéfiniment ce petit jeu.

a) La philosophie est la reine des sciences. C'est la vieille position spiritualiste : le philosophe est le connaisseur du vrai et du faux, du bien et du mal, du beau et du laid, du temps et de l'éternité, de l'esprit et des valeurs, des causes (ultimes) et des fins (dernières). En dehors de la philosophie, tout est affaire d'utilité (étroite), de coutume (relative) ou d'opinion (subjective). La philosophie est le lieu privilégié de la sagesse et de la connaissance spirituelle authentique. Etc.

b) La philosophie est la réflexion sur le sens de la vie. Les sciences se contentent de connaître les objets, alors que la philosophie tente de penser la signification profonde de l'existence. Or il ne suffit pas de savoir comment sont les choses, il faut avant tout interpréter le monde et l'expérience vécue des êtres humains. Etc.

c) La philosophie est l'activité théorique qui cherche à élaborer des concepts purs et universels. Ses objets se trouvent dans les grandes catégories abstraites dont aucune pensée ne peut se priver : l'être, le devenir, le temps, la chose, l'existence, le sens, la cause, la valeur, etc.

d) La philosophie, c'est l'analyse du langage.

e) La philosophie, c'est la pensée critique.

f) La philosophie, c'est...

Bref, voilà une question ennuyeuse et vaine, sur laquelle vous n'aurez probablement guère plus de lumières à la fin de vos cours de philo qu'au début.

En fait, je soupçonne que la « spécificité du discours philosophique » n'est guère qu'une formule creuse choisie par les auteurs du nouveau programme dans un esprit avant tout défensif et corporatiste. Car si l'on parvenait à convaincre l'opinion publique que la philosophie possède quelque chose d'unique et apporte à la culture une contribution absolument propre et exclusive, on aurait d'autant plus de chances de justifier son maintien dans les collèges. Mais en y regardant de plus près, on risquerait malheureusement de découvrir que, trop souvent, la principale « spécificité » de la philosophie serait de réaliser un mélange — unique, en effet — de la prétention, de l'ignorance, de la préciosité, de la sottise et de l'obscurité. Ce dont il n'y aurait pas lieu de nous vanter.

Cela dit, je suis sûr que plusieurs d'entre vous se sont posé, à un moment ou l'autre, la question de l'absence des penseurs du Québec dans ce court panorama. Rien ne sert de l'éluder, au contraire, et ce sera l'objet de ma deuxième réflexion finale. Le fait est, tout bonnement, qu'il n'y a aucun grand penseur québécois reconnu dont la stature atteindrait celle des auteurs évoqués jusqu'ici. Cela ne devrait ni vous faire bondir d'indignation, ni même vous attrister. Car il faut bien voir que c'est le lot commun : nous sommes dans la moyenne, tout simplement. Il n'y a pas de quoi s'inquiéter outre mesure.

En effet, sur les cent soixante-quinze pays environ que compte l'ONU, j'en connais à peine une dizaine qui peuvent s'enorgueillir de compter de grands penseurs reconnus et indiscutables. Les cent soixante-cinq autres, par conséquent, n'en ont pas. Demandez par exemple à des professeurs de philosophie, de littérature ou de sciences politiques de vous nommer un seul grand penseur turc, péruvien, bulgare, coréen ou australien (et je ne parle même pas de plus petits pays comme l'Albanie ou la Norvège). Vous verrez que ce n'est pas si facile.

Naturellement, les critères de notre culture occidentalo-bourgeoise y sont pour beaucoup. Le temps va passer, et peut-être la tradition européenne qui domine la scène actuellement sera-t-elle un jour reléguée aux oubliettes. Dans une entrevue récente, un célèbre écrivain allemand affirmait que, pour lui, sa notoriété ne comptait guère : « Dans quelques milliers d'années, disait-il à peu près, plus personne ne saura qui était Homère*. »

Homère : écrivain légendaire auquel sont attribués les deux grands textes les plus anciens de la littérature grecque, *L'iliade* et *L'odyssée*.

Cela dit, il y a bien entendu un mouvement des idées au Québec. Il serait parfaitement ridicule de le nier. Si vous êtes étudiant, vous en connaissez sûrement déjà quelques grandes étapes par vos cours d'histoire :

d'abord le traditionalisme catholique, ensuite le libéralisme et l'idéologie de la modernisation, puis le nationalisme et l'indépendantisme, avec quelques épisodes de gauchisme-socialisme-syndicalisme. Vous en connaissez aussi quelques grands noms (qui, pour la plupart des gens, désignent d'abord des stations du métro de Montréal...), tels Papineau, Henri Bourassa ou Lionel Groulx. Un jour, vous découvrirez peut-être par vous-mêmes des noms moins célèbres, comme André Laurendeau, François Hertel, François-Albert Angers, Fernand Dumont, Léon Dion, Pierre Vadeboncœur, Marcel Rioux, Jean Bouthillette, Pierre Vallières, Jean-Marc Piotte, Jean Larose ou l'inévitable Pierre Bourgault*, pour n'en citer que quelques-uns pris un peu au hasard.

Mais j'ai pensé qu'il n'aurait pas été honnête de ma part de vous laisser croire que la situation était autre qu'elle n'est. (Pour une perspective différente, voir par exemple Émile Chrétien, *Le Québec philosophique*, Montréal, McGraw-Hill, 1991, chapitres 5 et 8.)

Avant de mettre le point final, il faut que je vous fasse un dernier aveu. J'ai commencé ce petit livre en espérant produire quelque chose d'amusant, de simple et d'abordable. Je crois à présent que j'ai échoué, puisque ce que j'ai écrit me paraît, au total, plutôt sérieux, et quelquefois difficile. Je ne sais si je dois m'en excuser : peut-être est-ce la nature des « choses de l'esprit », comme on dit, qui le veut ainsi.

Sur ce, je formulerai un dernier souhait : que, même si vous avez détesté ce petit

Au fait : Pierre Bourgault, homme politique, écrivain, journaliste et enseignant, il fut l'un des premiers tribuns de l'indépendantisme contemporain au début des années 60 (RIN, Rassemblement pour l'indépendance nationale), puis un critique acerbe de l'étapisme et de la souveraineté-association du Parti québécois de René Lévesque et Claude Morin, pour finalement se rallier au « souverainisme » de Jacques Parizeau. Auteur, entre autres, de *Maintenant ou jamais* (Stanké, 1990).

ouvrage, vous ne lâchiez ni la réflexion, ni les études, ni la lecture. Elles vous font entrer, que vous le sachiez ou non, dans cette sorte d'invisible université mondiale qui réunit tous ceux qui pensent et s'informent, et qui est sans doute l'une des plus grandes et des plus belles nouveautés de notre temps. J'espère que vous y séjournerez longtemps !

Table

Troisième partie
LES IDÉES D'AUJOURD'HUI

Composition : Folio infographie

Ce cinquième tirage a été
achevé d'imprimer en septembre 1997
sur les presses de Veilleux impression
à Boucherville, Québec.